娑婆撒哈拉

蔡適任 著

僅獻給我今生的業力夥伴，
走在金色沙丘稜線上那抹藍色背影，
願你永遠沐浴愛的光中

目次

Contents

敘言

多年前從人類學走入舞蹈，純粹是個偶然。若非在台教舞飽受挫折，我不會意外來到撒哈拉，與貝桑偶遇，步入婚姻，進而以文字分享撒哈拉經驗與自身蛻變。由一個個偶然串起的生命途徑讓我想起愛因斯坦名言：「偶然，即是上帝匿名地漫步遊走。」（Le hasard, c'est Dieu qui se promène incognito.）

二〇一五年，我跟我媽說打算和貝桑結婚，之後長住沙漠。

我媽問：「確定嗎？沙漠生活很辛苦，嫁去那麼遠的地方，我們顧不到，萬一被打，沒娘家可以依靠。」

我說：「此時此刻很確定，不過世事無常，以後會不會後悔就不知道了。」

家人默默轉身，幫我準備嫁妝去了。

之於我，婚姻不過人生一個階段、關係的一種模式，一如生命在起了個頭之後，總有結束的時刻。婚姻遠非人生的全部，更不決定一個人的價值。

「幸福婚姻」甚至不曾是我的追求。我相信因緣聚散，緣起緣滅，即便在執著與愛欲中，都要自己明白那不過是執著與愛欲，而非「究竟」。深深走入夢幻泡影，渴望的向來是從娑婆世界中甦醒。

曾有那樣一個夜晚，我和貝桑因為家族而發生激烈爭吵，我一個人獨坐廣袤無垠沙漠，望著滿天繁星，承受著傳統家族包袱的重擔，面對觀光業的競爭與無情，想著飽受乾旱荼毒的大地與弱勢遊牧民族，憤怒、悲傷、委屈與無奈在心裡糾結成一團巨大的混亂。我望著燦爛星空，感受著臉上熱淚與夜風凜冽，種種情緒澎湃洶湧，拿起MP3，聽起黃慧音〈金剛經〉與齊豫〈望江南．歸依三寶贊〉，剎時淚如雨下，彷彿靈魂最深處的真實渴望被喚醒，歌聲一字一句地將心慢慢淨空，那個「最終且是唯一的願」，也才被自己聽見。

聽到「願我遍游諸佛土，十方聖賢不相離，永滅世間痴」時，我突然明白，眼前撒哈拉的一切，並非囚禁靈魂的牢籠，更非對理想主義者的嘲諷與懲罰，而是世間諸多「幻境」之一，我不孤單，因為「十方聖賢不相離」，而我首先該滅的「痴」，就在心底。

我慢慢想起自己對「法」的渴望一直存在，那句「願我六根常寂靜，心如寶月映琉璃，了法更無疑」給了我平靜，願意以更清明的意識面對現實，並尋找真實的內在力量。

我反覆地聽，直到我的心一如撒哈拉深夜那般寂靜。

那個夜晚，那場體悟，那片繁星，是撒哈拉給我最美的禮物之一。

而婚姻，不過是讓這場體悟發生的「路徑」。

我與貝桑家族可說活在平行宇宙，多年衝突與磨合之後，水還是水，油依然是油，終究難以走向「水乳交融」的圓滿結局，但這或許更接近芸芸眾生的真實境況，也沒什麼好粉飾太平。

然而，恰恰是這場文化衝突不斷的跨國婚姻給了我很深的痛苦與折磨，以及無法取代的成長。沙漠不是容易的地方，正因貝桑帶我走進他的大家族，我才能在短短幾年內，一一完成所有渴望在撒哈拉實踐的夢想，進而以文字書寫我所知所感與所活過的撒哈拉。

書裡呈現的是我個人真實的婚姻經驗，並試圖放入貝都因傳統家族文化脈絡裡解讀，並不表示所有摩洛哥／貝都因／遊牧民族家庭皆是如此。

出版初心是希望回饋自己的經驗與成長，鼓勵甚至安慰在婚姻或情感關係中受苦受困受挫的靈魂，帶給他人一點點的溫暖與微光。

由衷感謝M，或許早在我決意非回撒哈拉不可那刻起，便已預知了什麼，卻不曾阻攔，總在關鍵時刻給予提點，讓我的靈魂不致墮入深淵，也願意讓我將這些清明智慧的文字放進書裡，與更多人分享。

謝謝 Lindy 與 Peter，二〇一二年我發願回撒哈拉創造時，命運便讓我們相遇，若非你們一路相伴，許多事都將無法成就。

謝謝 Eva、Edith 與眾多臉友的關心、傾聽與陪伴，讓我隻身一人在沙漠，無論面對多麼混亂複雜的人際關係與家族重擔，還能覺得自己的爆炸是正常的。

最後要謝謝我的家人，從來不限制我什麼，支持我每一個不在常軌內的瘋狂決定，即便婚姻大事都是如此，讓我得以將「歸宿」化作「靈魂歸鄉路」。

重逢

二〇一〇年，人還在台灣準備初次摩洛哥之行，莫名地，我眼前浮現一個身著藍長袍、包著藍頭巾，行走於沙丘的男子背影。那時我對撒哈拉一無所知，不知那背影是誰，又有何意義，便任由這意象自由來去。隱隱卻又覺得，自己曾經跟隨藍色背影，在蜿蜒無盡的沙丘上不停地走，什麼都不想。

偶爾，我在夢中看見自己注視著眼前這抹藍色背影，跟在背影身後，靜默地走在沙丘上。

來到摩洛哥後，藍色背影不時出現夢中。我心想，不過是個經典沙漠意象罷了，即使後來置身沙漠，周遭圍著一個個身穿藍袍的撒拉威人，都不曾試圖解開腦中意象之謎。

二〇一一年春，摩洛哥人權組織派我前往沙漠觀光勝地梅如卡（Merzouga）進行氣候變遷、乾旱、觀光產業與自然生態的報導。

初抵達撒哈拉，我的靈魂千瘡百孔。在帳篷營區喝茶時，駱駝伕彷彿看出我心事重重，忽然說：「我們遊牧民族常說：『如果有人傷害你，就把它寫在沙子上，好讓風將這件事從記憶中抹去；如果有人對你好，就把它刻在石頭上，好讓風永遠無法將這事抹去。』不管妳走進來之前發生過什麼事，把一切寫在沙丘上吧。」

望著眼前一個個藍色身影、一頭頭駱駝與一座座連綿起伏的沙丘，只覺打從盤古開天闢地，我便已如如不動地在這兒坐著，無過去世、無現在世、無未來世。

另一方面，不曾在國王實質統治之地生活過的我，自然坦蕩地拿著相機四處拍攝工業化垃圾滿布的沙丘群，探究水資源枯竭等議題，不料竟引起警方關注，不得不倉皇離開，卻也結識了在村裡經營觀光用品店的貝桑堂哥與三哥。

開啟這段緣分的，是一件柏柏爾披肩。

某個午後，我聽見輕盈響脆宛如鈴鐺、細細碎碎輕輕巧巧的金屬聲，好奇轉頭一看，一張柏柏爾黑色披肩在屋簷下隨風飄逸，鮮豔的色調與古樸圖騰吸引了我的目光。仔細一瞧，上頭縫著一顆顆銀色圓鐵片，樂聲便是從那兒傳來。

正當我饒有興致地瞧著，一個身型高大的中年男子站在店門口向我招手，邀請我入內喝茶。我跟他多聊了幾句，也買下了披肩。他說他叫卜拉辛，身上散發穩重成熟的氣息，讓人信任，我們成了某種意義上的「朋友」。

在村裡經營觀光用品店的堂哥，是貝桑龐大家族成員裡我第一個認識的人。

二〇一一年秋末，我再度隻身前往梅如卡，延續未竟的撒哈拉探索。出發前一個多月，藍色背影再度浮現腦海，我笑一笑，享受獨自旅遊的樂趣。

重回撒哈拉，我自然去找值得信任的「老朋友」卜拉辛，請他代為尋找優良可靠的嚮導，想更深入沙漠。卜拉辛打了幾通電話，不一會兒，一個年輕男子騎著一輛破舊摩托車出現。

我轉身一看，心想，哇，怎麼有男人長得這麼好看！典型鵝蛋臉，溫婉細緻如杏仁般的雙眼，鼻樑挺直優雅，雙唇豐厚，一身老舊頭巾與長袍仍掩不住優雅，好個古典美男子！但他身上卻同時帶著某種野蠻氣息，彷彿不曾接受文明洗禮。

當下其實有點害怕的我，只覺眼前這人太美太美，彷彿剛從法國浪漫主義畫家德拉克羅瓦（Eugène Delacroix, 1798-1863）的畫作走出來，美得不像真的，野性卻溫柔，微帶說不上來的侵略性。

卜拉辛說青春美貌的男子叫貝桑，導覽經驗豐富。

若說人權組織上司慕禾為我打開一扇通往沙漠的門，真正帶我深入沙漠的，則是貝桑。整場導覽，我從他身上強烈感受到「在地人對原鄉的熟悉與愛」，對撒哈拉一草一木一石一沙，瞭如指掌。

坐上摩托車，貝桑帶我第一個走訪的景點是湖泊與鄰近的遊牧民族。湖泊已因長年乾旱而大幅縮小，近乎消失，我卻覺得自己和這塊土地有所連結，對沙漠有一種難以解釋的愛戀與熟悉，就連雙腳踩在湖泊泥濘上，都不像是第一次。

我的鞋子很快沾滿了湖畔爛泥，貝桑帶我到較乾硬的地面，坐下來，和我一起清理鞋子上的泥巴。我拿起相機，拍下眼前因氣候變遷而發生的一切。貝桑見我拿起相機，雙手朝上，面對鏡頭用阿拉伯文說了句「感謝真主阿拉」。

愣住的我心想，沙漠生活如此艱辛困苦，你還「感謝真主阿拉」?!

我心裡有很深的感動，和貝桑約了隔天的下一階段導覽，想把整個沙丘群繞一圈，他開心地接下工作。

翌日，說好清晨七點上工，貝桑卻讓人苦等不著。我相當惱怒，於十點前往卜拉辛那兒告狀，卜拉辛打電話給貝桑，他竟然睡過頭！

不一會兒，貝桑出現，道歉說自己前晚修理摩托車直到凌晨才睡。我不想聽他解釋，當場要卜拉辛幫忙另找導遊，卜拉辛尷尬地幫我介紹年約二十的男孩艾齊。

很久以後我才知道，原來貝桑窮到連一輛摩托車都沒有，前天載我去湖泊的摩托車是他大哥的，雖然好不容易接到隔天的工作，但大哥不願續借，要他自己想辦法，他苦苦哀求許久，大哥才勉強同意。由於車子相當老舊，沙漠路況差，為了避免半路拋錨，三更半夜的，貝桑趕緊修車，卻因此失約。

隔天，清晨六點不到，我整裝，扛著攝影機在門口等候，準備在艾齊帶領下深入沙漠。門一開卻愣住了，眼前竟是牽著摩托車的貝桑。街上燈光昏黃，大近視眼的我無法置信，愚蠢地冒出：「是你嗎？」

貝桑笑得一臉純真燦爛，說艾齊出門前才發現摩托車輪胎破了，只得打電話討救兵，要貝桑代替他上工。話一說完便要我趕緊上車。

我無奈地嘆了口氣，心想：「這就是命了……」

以導遊品質來說，我其實很喜歡貝桑，震懾於他對遊牧部落與沙漠的熟悉，然而他時常伺機「推銷其他產品」，提議帶我去看這看那，在金錢支出上，我漸感吃不消，也對他的為人心生懷疑。

當說好的導遊從艾齊突然換成貝桑，我只當是天意。

清晨時分，摩托車在沙丘上顛簸，與朝陽同升。

日出時，我們已抵達目的地之一，一座廢棄礦村。

二十世紀三〇年代，法國殖民者在此地開礦，由於旱災，當地貝都因與柏柏爾遊牧民族放棄傳統經濟型態，一個個下坑挖礦，把親人接來礦區居住，形成礦村，鼎盛時期甚至有定期市集。進入七〇年代，礦挖完了，法國殖民者離去，礦工被遣散，旱災卻遲遲未解，礦村居民四散，有些人夜裡摸黑通過邊界前往阿爾及利亞，有些人留在摩洛哥。如今，礦區僅存當年村落屋舍遺跡，摩洛哥軍隊駐守邊界且不許任何人入住，即便是早年遷徙他地的礦工想要回房子，都會被趕出去。

貝桑說，以往這一大片山全是綠的，長滿了各種顏色的花草，遊牧民族駱駝與羊隻成群，無奈長期乾旱讓沙漠寸草不生，駱駝與羊群逐漸死去，遊牧民族落得一無所有，當地又無就業機會，只能靠挖掘化石向觀光客兜售，勉強換取一家溫飽。

正當我們在已成廢墟的礦村裡遊走，艾齊竟然也出現了！

貝桑和艾齊兩人聊了聊，竟然蹲在地上找起化石。

大太陽下，我陪他們找化石，學著辨識哪裡有化石礦脈。

忽地，貝桑在地上找出一小塊化石，笑著遞給我。

後來他找到一座廢棄礦坑，我們三人走進礦坑查看，兩個沙漠男子竟自然而然拿起破舊鐵皮矮桌與塑膠水壺打拍子，唱起貝都因傳統民謠，許久許久。

曲罷，我問貝桑為何歌唱。他說遊牧民族獨自在山上放牧時，時常隨興地唱一整天的歌。當他看見山，便有了歌唱的想望。

慢慢我才明白，原來卜拉辛、貝桑和艾齊來自同一個貝都因大家族，彼此關係為遠房堂兄弟。一早貝桑上工後，基於親族相互支援的傳統，貝桑不想獨厚自己，便把艾齊叫來，讓他也多個賺錢機會。

我只需一位導遊卻同時出現了兩位，我不可能只給一份工資，而他們也確實需要帶點收入回去養活身後那一大家子，何況他們從清晨天未亮陪我到傍晚太陽下山，更不用說廢棄礦坑裡那段無比美麗的貝都因傳統民謠現場演唱了。

不出所料，貝桑與艾齊開始聯手和我議價，說明天要帶我去哪些好地方，兩人共出兩輛摩托車，只收多少錢。

我笑說自己只需要也只請得起一位導遊。

貝桑說沒關係，我想雇誰都可以，從早上五點陪我到傍晚日落，只需付一點點錢。不一會兒又不死心地說，其實還是得出動兩個人外加兩輛摩托車陪我比較保險，一個扛行李，另一個載我，萬一其中一輛摩托車出問題，還能相互幫忙云云。

我大笑：「我其實不需要兩個人手，但我真的很喜歡你們，宰牲節快到了，我知道你們家裡需要用錢。好，明天一早，清晨五點，咱們上路吧！」

看似空無一物的荒蕪大漠，蘊藏瑰麗萬千，可我怎也想不到會在撒哈拉遇見愛情，甚而走入婚姻。

與貝桑相遇是場偶然，卻似命定，幾乎錯過，終究重逢。

貝桑說，剛開始他只把我當工作，相處中雖時有爭執，卻慢慢有了一點點喜歡的感覺，直到見我真誠關心遊牧民族，甚至主動伸出援手，愛隨即爆發，不自覺拍拍胸口，脫口說：「不知道從何時開始，妳已經在我心裡了，不走了。」

而我，不經意認出那雙杏仁般的眼，在微風吹動的藍色長袍中看見沙漠的溫柔。削瘦清癯身影喚醒了模糊記憶，手放在他的腰際時，我的手和我的心說：「我早已識得這副身軀。」

我的手認出了他腰線的感覺與溫度，他的背影引發了我心底一股熟悉的喜悅，他站立時的身形美得讓我移不開視線，在他整體姿態中，我感受到一股久違的愛與歡喜。

連貝桑都覺識我已許久，堅持我夢裡的藍色背影就是他，是阿拉要我反覆做相同的夢，直到我們相遇。

遠非初識，卻是重逢。

兩人就這麼幾乎同時對彼此心動，順理成章地牽起對方的手。

兩人才剛開始，我便得離開，獨自前往穆哈米德（Mhamid）部落做田野調查。相識後兩人第一次分離的那個晚上，我再度夢見藍色背影。夢中，背影終於轉過身來，是的，正是貝桑那張極其美麗的貝都因臉龐，溫柔地牽著一頭駱駝，穩健地緩緩行走於連綿無盡沙丘。

這趟臨行前，貝桑說如果接下來幾天可以賺到一點觀光客的錢，一定會來找我。我很清楚以他的工作狀況，要賺足從梅如卡到穆哈米德這幾百公里的旅費，機率微乎其微，便給了他往返車資與食宿費，雖然並不奢望他真能為愛走天涯。

分開不到一星期，我接到貝桑電話，說他已離穆哈米德不遠。

他花了整整三天時間，終於來到我眼前。

孝順的貝桑先把我給他的一半車資拿給媽媽當家用，自己以最簡單困苦的方式，沿途轉車、轉車再轉車，除了基本交通費，只敢花台幣兩百塊找戶人家過夜，餓到逼不得已才簡單買個煎蛋與麵包餬口，否則整天只吃椰棗、喝點水，幾乎完全以遊牧民族的方式「徒步尋愛」。

我既感動，也深深震懾於遊牧民族因所需物資不多而來的那份「自由」、「行動力」與「遷徙能力」。

所以，一個人需要多少資源與條件，才能起身行動，無論實踐夢想抑或尋愛？

貝桑身上有一股溫柔沉靜的能量，美麗澄澈，與大地、與沙漠、與自然緊密相連。遷徙之於他不是流浪，因他自知身處何方。

我時常靜靜地、深深地看著他，在心裡問著：「你到底是誰？我們曾有什麼樣的前世情緣？為什麼我會千里迢迢跑來這兒，在空無一人的沙漠遇見你？」

在我眼中，貝桑是個非常美麗的男人，來自沙漠，有我見過最澄澈乾淨如孩童的心，卻也因生活困頓與折磨，不得不在性子底磨出些狡猾手段，擁有好幾個面容，時而威嚴美麗，時而孩子氣，時而堆滿為生存壓力所摧殘的無助悲傷，亦或因欲望糾葛而醜陋了容顏。而我的心，當然知道自己愛的是不停變化中的哪一個亙古樣貌，明白哪一個真實折射出他的靈魂質地。

那晚，我做了個夢，夢見他身穿藍色長袍，頭戴藍色頭巾，牽著一匹駱駝，在沙丘上緩緩朝我走來。我什麼都沒說，靜靜看著那張之於我是那樣威嚴美麗、沉靜熟悉的男子的臉。

相視無言，無喜亦無悲，一場寧靜無聲而濃重樸質的夢。

二〇一二年春天結束摩洛哥人權組織工作後，我不得不返回台灣，從此以後，我的每一天，我的每一口呼吸，都為著返回撒哈拉。那遠非他人以為的「三毛般的浪漫流浪」或「愛著卡慘死」，而是我日日夜夜跟神求來的，因為撒哈拉這塊土地讓我有歸屬感，有我想做的事。

我曾以為舞蹈是神給我最美的禮物，放下舞蹈，卻走入一整座撒哈拉的瑰麗絕美。

望著溫柔寧靜的廣袤沙丘，我整個人沉浸在很深很深的喜悅裡。

我在心裡對撒哈拉說：「我的母親哪，請讓祢這即將遠行的孩子，終究可以再回到祢懷裡。」心裡卻又知，在更高一個層次，我根本不曾離開，無離別，更無歸鄉。

土象星座魔羯我，莫名地生性熱愛居無定所地自由浪蕩，卻是撒哈拉讓我生平第一次有了在土地裡深深扎根的想望，只想在這兒落腳，在此終老，於此創造。

我只想當撒哈拉懷裡的一棵棕櫚樹，靜靜地呼吸，唯有風起才歌唱。

當我看著貝桑那雙美麗深情的眼，竟覺早在出生前，靈魂已約好今生要在撒哈拉相遇，改寫在另個時空裡那些曾讓靈魂在遺憾悔恨中闔眼的事。

藍色背影再不曾入夢。

爭地

二〇一一年底與貝桑相遇時，他的老邁雙親、兄姊、嫂嫂與姪子姪女，全家老人小孩加起來共二十人，住在一間相當破敗的土屋裡。一大家子共食共住，已婚哥哥們的所有小孩一塊兒長大，家事由女性共同分擔，男性負責在外掙錢養家。

貝桑家族極為龐大，貝爸貝媽是彼此的二婚，各自從第一段婚姻帶來一個女兒，婚後則生下六男二女，加起來共十個小孩，貝桑是最年幼的。若再加上所有因通婚及血緣而來的「親戚」，肯定超過千人。

第一次走進貝桑家族老宅，我因眼前赤裸裸的貧窮殘敗，震驚得無法言語！甚至因這份震驚而尷尬自責。

土夯老宅破舊昏暗，損毀得極為嚴重，斑駁牆上一道道泥水印子，不知多少年沒有粉刷。屋裡連件像樣家具都沒有，亮著的電視螢幕竟是黃綠色，壞了，舖在地上的廉價地毯陳舊破爛，不知道使用了多久，中間那張矮木桌裂了開來，依然無法退役，上頭擺著幾碗濃湯、椰棗、麵包和一碟橄欖油。貝媽見到我這外國嬌客，熱情地請我共餐，我見滿室蒼蠅飛舞，笑著搖頭。

看著這破敗屋內吵吵鬧鬧的一大家子，半乾的鼻涕口水在小孩臉上糊成一團，毫無清洗的跡象，蒼蠅飛來繞去，當下確實讓我遲疑是否真要和貝桑走進婚姻？懷疑自己是否真有能力與傳統家族和平共處？

人在熱戀時總有一股泛著粉紅光芒的樂觀與勇氣，告訴自己「應該不會怎樣吧……」，萬萬想不到，這段婚姻竟為生性浪蕩不羈的我，開啟了「人際關係」這道艱難習題。

貝桑家族遭逢現代遊牧民族典型際遇，因乾旱而失去所有、因再無法追逐水草而舉家定居觀光勝地梅如卡。大哥平時做點買賣羊隻的小生意，有時到礦坑採礦，其餘兄弟全投身觀光產業，微薄收入僅供一家溫飽，老舊屋舍周圍大片土地屬於貝爸資產。

家族共住的土屋雖說破舊，但相當寬敞。正門靠近柏油路，屋子中央一條走廊從正門直通後門，接連後院，形成中國風水學所謂一箭穿心的「穿堂煞」，然而在沙漠，如此空間設計恰恰有利採光與通風。

沿著走廊，屋內隔出數個獨立空間，分別做為臥室、起居室與儲藏室等，已婚且有小孩的大哥、二哥及三哥各擁有一間房給自己與妻兒，未婚弟弟們則共用一間房，衛浴與廚房僅一套全家族共用。靠近後門處是開放式起居室，相當寬敞，適合煮茶待客與用餐，夏季白晝，這裡也是老宅最涼爽的空間，眾人在此午睡。

老宅後方有個極為寬敞的院子，光禿禿的硬泥地，若遇下雨或積水一片泥濘，直到前些日子三哥才請人舖上了一層碎石子。內側則有幾間放置雜物的空間。一開始我不明白為何不在後院栽種植物，沙漠日照強，有幾棵樹遮蔭多好！家族卻說有植物就得澆水，容易孳生蚊蟲。後來我才慢慢明白過來，空無一物的後院不僅是大漠樣貌的複製，也更適合傳統遊牧家庭生活運作。

空曠的後院功能多，女人們在這裡晾衣服、晒毯子，孩子們在這兒嘻笑玩鬧。宰牲節時，男人將羊隻高掛院子一隅，宰殺後由女人就地清洗，處理羊肉、內臟與羊皮，不讓血腥進入室內。入夜，所有人聚在院子裡，或喝湯，或煮茶，甚而烤肉，談笑風生中，抬頭即見燦爛星空，雖說已從遷移轉為定居，遊牧民族悠久的家族歡聚情趣不變。

進入夏季，後院還是所有人的寢室，各自拿著毯子，舖在地上就睡。貝媽摟著年幼的孫子哈利入眠，旁邊靠著絲瑪和涵涵兩個小女娃兒，再遠一點兒，大嫂的孩子們圍著媽媽睡覺，依此類推，未婚男性則選擇較邊緣甚至靠近後門的區塊安歇，讓老邁雙親、女性與幼兒使用中央寬敞地帶。據說非洲象遷徙時若遇危險或途中休息，強壯的成年雄象會圍成一個圓圈，把老弱病幼圍在中間，我不自覺想起了這個美麗的傳說。

初見此景，我頗為訝異，畢竟這是我第一次見著家族成員的關係竟然緊密到可在同一空間入眠，我相信若我願意，家族同樣會騰出地方讓我和他們一塊兒睡——既是一家人，總能找到自己的位置。

基本上，老宅整體空間配置並不允許共住的眾人擁有實質意義上的隱私空間，性別上的區隔卻相對明顯，尤其是親族來訪時，男性往往使用較寬敞舒適的空房，女性與孩子們使用簡陋小房。唯有在非密閉空間的後院，以使用上來說，性別區隔稍淡，更像是家族歡樂團圓的地方，在日月星空與風的擁抱之下。

沙漠生活看似寧靜，實由無數波瀾壯闊的日常生活瑣事串起。

二〇一四年初，我、貝桑與四哥討論著善用家族老宅旁的空地建造民宿的可能性，正打算徵求家族同意，竟發現二哥不顧眾人反對，蠻橫地在民宿預定地蓋了自己的水泥磚塊小屋。

貝桑手足中，最不受歡迎的，當屬二哥。二哥身形高瘦，雙肩下垂，彷彿暗示著無力無願承擔應負起的責任，即便笑得和善，總輕易讓人覺察他暗藏不善意圖。二哥年輕時在村裡四處幫人打雜，掙不了多少錢，爾後同樣走入觀光業。二嫂和三個小孩與家族共食共住，二哥卻完全不分攤日用開銷，無恥地讓兄弟幫忙養自己的妻子、小孩和他本人。

二哥這時突然占用家族土地，說要蓋房子給自己的老婆小孩，引起所有人不滿，不時為之爭吵。有天晚上，二哥一個人與所有兄弟吵得不可開交，連向來溫和的貝爸都叫他隨時可以帶著妻小滾出去。

我對二哥相當不以為然，他的小屋位置破壞了家族原本相對工整的土地，整體空間配置不利於生活在老宅的所有人，而且那屋舍實在太小，又以水泥磚塊建造，蓋好了也肯定悶熱且採光不良，住起來不會舒服。二哥「野人的無知」大大刺激了我內在「文人的傲慢」，不時在心裡抱怨：「明明已經資源短缺，還浪費在建造根本不適用且成本高的水泥小屋，設計又不良，到時絕對沒人要住，還讓家裡的人吵成這樣，真是蠢斃了！」

由於二哥占用了原定蓋民宿的角落，我們只得重新規畫，將民宿預定地往旁挪，離老宅稍遠，但仍在貝爸土地上。

在典型的貝都因大家族中，父親是最有威望與權力的，男孩們則協助父親工作，尤其是長子。待長子成家立業，承擔一定程度的家族經濟重擔，擁有的決定權與話語權便逐漸加大，但仍以父親為尊。

然而，若父親老邁或性情過於溫和，長子性格又霸道貪權，長子的實質權力有可能高過父親，畢竟貝都因傳統除了相當父權，也極重排行輩分，長兄如父。

貝桑家族即是一例。貝爸理應是全家最受尊重的領導人，但他生性隨和浪漫，像個孩子般容易滿足，實質權力與資源都掌握在大哥手中。

多年來，貝桑全家擠在破舊老宅裡生活，每逢下雨，屋裡全是水。有一年沙漠水患，全家擠在唯一一間不會漏水的房間內，處境堪憐。好幾次了，貝爸貝媽與弟妹們提議整修老宅屋頂，都遭大哥斷然回絕，推說沒錢，還說自己沙漠住慣了，搭個帳篷也能過日子，不需要現代屋舍。

貝桑堂哥卜拉辛則非如此。卜拉辛是貝爸親弟弟的長子，為人寬厚，性情穩定溫和且認真負責，完成基礎教育後，很年輕便幫忙父親分擔經濟重擔，即便已有妻兒，在外經商的收入皆交給父親，相當照顧弟弟妹妹。隨著父親愈形年邁體衰，卜拉辛承擔起更大的養家重責，同時協助弟弟獲得更好的工作與收入，兄弟倆很快便共同分攤經濟責任，不過家中大事的決定權仍在父親手上。

貝桑住在附近小城里桑尼（Rissani）的親族也是。家裡一棟兩層樓高的樓房同樣住了一大家子人，兄弟們婚後仍住在一起，但完善分配每個兄弟獨立使用的房間，客廳、廚房與衛浴則共用，年邁雙親仍為親族與情感關係核心。親族的長兄與貝桑大哥年齡相仿，為人和善厚道，極有家族掌舵者泱泱大度的風範，秉公處理資源分配，力求公平對待每個家族成員。在其帶領與身教下，所有弟兄的子女和平相處，妯娌情感緊密，也因其為人獲得眾人稱許，甚至被推舉為家族事務裁判人。

貝桑大哥身高不高，體型壯碩，渾身散發草莽霸氣的雄性特質，舉手投足滿滿威權氣息且不容人反對，彷彿打從出娘胎那刻起，天生就是個能夠獨當一面並解決大小難題的領導者。可實際上，大哥自私蠻橫，做事欠缺光明磊落，大字不識一個，目光如豆又專制獨裁，由他擔當家族大船的掌舵者，實非好事。偏偏他就是「長子」，在家族內掌有絕對的話語權與決定權。大哥很年輕就結婚，小孩一個接著一個生。全家族共食共住共工，每個有能力掙錢的男丁都把所得交給大哥統一發落，共同承擔龐大家族基本開銷，等同弟弟們幫他養小孩。

取得貝爸與家族同意後，二〇一四年四月民宿正式動工，無形中也讓家族有了不同發展。

先是大嫂與貝媽發生激烈爭吵，負氣要帶孩子們回娘家，逼得大哥不得不緊急在附近租屋安頓妻兒。

大嫂是個美麗婉約的女子，雖生活在沙漠，可皮膚白皙，有一雙會發亮的水汪汪大眼睛，外表弱不禁風，臉上帶著一抹溫順服從的笑。身為數個孩子的母親，大嫂享有較多資源，渾身散發「無辜受害者」氣息，不時因小孩與貝媽起衝突。例如小孩玩水被阿嬤教訓，大嫂護子心切，兩人便吵了起來，又或者家族女性成員共同分擔家務，總有人覺得自己做得多、委屈了，自然會發生爭吵與不合。

大嫂搬出老宅時，刻意擺出極大陣仗，只差沒敲鑼打鼓，深怕鄰居不知她自立門戶。小孩子們不知憂愁地捧著家當跟在母親身後，搬家隊伍拉得老長，浩浩蕩蕩。我心想，或許大嫂在家族裡真受了什麼委屈。

接著，大嫂自然又熟練地向外傳遞「大哥付了房租就養不起小孩」的弱者訊息，心軟的貝桑要我買菜買肉去探望。大嫂一見我拎著數袋食物，感激涕零，活脫脫是個「父權壓迫下的柔弱受害者」，我也真信了。

血濃於水，家族小孩依舊一塊兒玩鬧，大哥小孩窩在老宅的時間比待在新家多，除了大人間的心結糾葛，一切看似與之前無異。

貝媽不希望家族分裂，雖然大嫂一家近在咫尺，對她而言，只要孫子們不住在同個屋簷下便是「流落在外」。幾經商量，最後家族讓步，將老宅幾間房分給大哥一家居住，事情看似圓滿落幕。

民宿工程如火如荼進行，大哥偶爾繞過來關心。某天一早，他與友人望著我們的民宿，討論了起來。忽然，大哥找來鋤頭，大費周章地在家族空地上畫線，似乎畫出了某種「勢力範圍」且一臉得意！

近中午，貝桑說，今天工程只用了一半建土，得等土牆乾，後天才能繼續動工，大哥想向我們借剩下的建土，之後會還。

見我一臉困惑，貝桑說，大哥一早看到我們動工，靈機一動，決定封住老宅那幾間房的房門，同時在朝外的那面牆打一扇門，做個獨立出口。如此一來，生活空間便與老宅完全隔絕開來，以最少資源取得了安頓全家的完整屋舍，甚至打算往前擴張、築牆，圍出僅供他與妻兒使用的寬敞庭院。

大哥動作滿滿的「宣示占地」意圖，把原本完整的家族土地切割得七零八落；一棵樹美好地在那兒，若他堅持築牆，樹木恐怕難逃倒下命運。更糟的是，大哥計畫圍起的土地上有一套獨立衛浴，家族尚有幾間空房，夏季時可出租給來做沙浴的摩洛哥人，是年度重要財源，一旦這套衛浴被大哥「侵占」，空屋便無法出租，大大影響家族整體收入。

所有人群起反對大哥自私又愚蠢的要求。二哥反應尤其激烈，畢竟他數度與家族起衝突後才成功霸占一小塊空地，投入畢生積蓄，蓋了間水泥小屋，一旦大哥在空地另一端築牆，瞬間縮小二哥的屋前空間，視覺上也更加凌亂不堪。

貝爸提議將屋外一塊地給大哥蓋房子，大哥卻不肯，畢竟直接占用家族既有資源才是最省錢省事的解決方案。弟弟們同意讓步，條件是大哥不能擅自在院內築牆並占用公共衛浴，破壞空間完整性，還會讓家族人際關係更不和諧。

無奈大哥霸道蠻橫，誰的話都不聽。貝媽割捨不下親情，貝爸老邁體弱，性格溫和隨順，管不動一意孤行的大兒子。一旦父母屈服於大哥的親情勒索，弟弟們便不可能群起反對大哥，只能任由他去，心裡卻埋怨得很，認為大哥非築牆不可的真正目的並非為了獨占那套公共衛浴，不過是想搞得所有人不開心罷了，只因他認為柔弱的大嫂受到家族的欺負！

三哥說，他在村裡開了家觀光用品店，淡季毫無收入，每個月仍必須給大哥一筆錢。好幾次哀求大哥這個月能不能先不給，他連店租都付不起了，大哥冷冷地說，錢借都得去借，不給錢就帶著老婆小孩滾出家門。

四哥也說，他至今孤家寡人，窮到沒錢結婚，每個月所有收入全交給大哥處置，私下塞給媽媽的家用卻比大哥給媽媽的家用還多。他不想和親兄弟計較，怎知大哥現在對家人如此苛刻。

傍晚，貝爸獨自坐在屋前，沉默地望著大哥剛築起的低矮牆基，雙肩下垂，單薄身板宛若捲曲的枯葉般沒了生氣，呆滯神情取代了曾日日可見的純真笑靨。

在家族內，若真顧著情分與顏面，只能將道理與理性擺旁邊。

眾人憤怒目光注視下，庭院內唯一一棵大樹旁，一堵土牆緩緩築起，隔出了大哥一家獨享，舒適寬敞的生活空間。

兩天後，我們正要進城採購建材，一轉頭，卻親眼目睹大哥面帶喜悅驕傲的笑，與工人合力拉倒了土牆旁的樹。一棵為人和鳥遮風避雨數十年的老樹，瞬間僅存一半身軀，宛若牆裡的囚犯。沒多久，在大哥指示下，樹根被挖起、移除，大樹徹底消失。無論精神或物質層面，一個「家」無法迅速建造，卻可能毀於一旦。

傍晚，貝媽老淚縱橫地跟我們說，自己的大兒子瘋了，才會築圍牆、占衛浴、砍大樹，她很生氣無奈，卻完全無法阻止兒子瘋狂無理又傷害家人的行為。

老人家並不是沒有意見或毫無感受，而是年老疲憊了，不願也無力對抗或扭轉大兒子固執蠻橫的行徑，只能無奈地任由他去。兩位老人家的態度裡，除了無奈生氣，還有一種我說不上來的「隨遇而安」，那是一種先前我往往誤以為是「放棄」、「無感」或「不作為」的姿態，可一旦稍多些接觸與理解，那當中又似乎是一種很溫柔淡然的「放手」與「釋然」。或許，那同樣是「愛」的一種形式。

二〇一五年十月，我從台灣正式回撤哈拉定居，二哥的水泥小屋看似完工卻無人居住，且二哥二嫂一點搬家的跡象都無。

問起這事，二哥笑著證實屋子已經蓋好，還說過一陣子就搬過去，二嫂馬上笑得一臉甜蜜地說：「不要！我要跟大家族在一起，開心又熱鬧，老宅這麼大，住起來多舒服！我才不要去住那間小小的房子！」二哥得意地堅持有天一定要搬過去，二嫂喜悅地說要繼續跟大家族在一起。

我突然發覺，最蠢的是我自己。

搬過去與否，建造的水泥屋舍是否舒適美觀，之於一個家庭、丈夫與妻子，意義究竟何在？

當我覺得他人行為愚蠢無知，沒有能力將手上僅有資源的效益發揮到最大，或許只是我不懂他人的幸福以及得到幸福的方式。

另一方面，大哥圍了牆、占了家族公用衛浴，迅速在他圍出的空地上蓋出一間水泥紅磚樓房，而且愈蓋愈大。原本家族體諒大哥小孩眾多，從既有屋舍分了幾間房給他，見他自行造屋，也只當他想給妻兒更舒適的空間。慢慢地，大夥兒才知大哥的伎倆可多了。

新蓋的水泥紅磚樓房與家族分給大哥的那幾間房之間，相隔了一個小小的中庭。待水泥紅磚樓房一有了粗坯，裝了水電，稍稍能住人，大哥便開始出租，賺來的錢繼續投資在屋舍內部，裝潢得愈形舒適豪華。家族慢慢發現，原來大哥蓋新房是為了出租給摩洛哥遊客賺錢，自己與妻兒依然住在家族提供的那幾間房舍。

如此做法讓大哥進帳不少，甚至搭建樓梯，計畫再往上加蓋，試圖在有限土地上蓋出更多屋舍以供出租，非常懂得經營。瞧大哥一家孜孜不倦蓋房子的態勢，若非疫情打亂旅遊業，或許過個幾年，都給大哥家蓋出了個摩天大樓呢。

眼見大哥平地起高樓，眾人這才知曉，原來這些年他看似操持整個家計，實則暗渡陳倉，不知從何時開始，神不知鬼不覺地將家族共有資產轉移到自己與大嫂的小家庭內。弟弟們信任地將所有收入交給大哥掌管，家族共財卻落入他的私人口袋，甚至偷偷變賣家族土地與駱駝，成就豪宅一磚一瓦，罔顧家族所有人依然窩在土夯老宅，時不時擔憂雨水灌入殘破屋內。

我不解。再怎麼不念舊情，父母與親手足就住隔壁，你怎能讓他們生活在貧困裡，與妻兒獨享舒適豪宅？

許多傳統文化中，直系長子往往擁有相對尊崇的地位，獲得較多資源與較大的話語權，甚至在財產繼承上也較具優勢。尤其是傳統遊牧生活，以男性為主要經濟勞動力，家中第一個男孩是最早協助父親工作的孩子，其地位、獲得的情感支援與被賦予的期望自然相對特殊，若家中發生重大事故，長子往往也是協助父母處理災害的主要助手。

貝桑說，五哥小時候在荒野牧羊撿到手榴彈，受了傷，是大哥帶五哥進城就醫。貝桑二十歲出頭生病時，亦是大哥帶他四處求醫。直到大哥娶妻，小孩一個接一個出生，加上大嫂與婆婆小姑不時爭吵，情況才逐漸不同。

一般說來，長子承擔的家族責任確實多些。

好比貝桑堂哥卜拉辛就愈來愈明顯地取代父親的家族掌舵者地位，在兄弟收入分配與家族支出上擁有較大的決定權，從整修屋舍到舉辦弟妹婚宴，皆由他負全責。

卜拉辛在梅如卡開了間鋪子，原本主要合作者是三哥（三哥娶了卜拉辛的親妹妹，既是卜拉辛的堂弟，又是妹婿），待自己唯一的親弟弟成年，尋找發展機會，卜拉辛便幫他在自家鋪子附近租了間店面，販售阿甘油等。在卜拉辛帶領與籌劃下，弟弟有了自己的事業，進而取代三哥，成為卜拉辛主要合作對象。換言之，即便弟妹都已各自婚嫁，仍以某種形式享受著卜拉辛為手足們張開的保護羽翼。

另個例子是大嫂親大哥哈欽。早年大嫂娘家同樣因乾旱而失去所有，走入梅如卡觀光業，甚至比貝桑家還窮。哈欽勤奮操持，家族經濟漸有起色後，他便讓弟弟在梅如卡最熱鬧那條街開了間觀光用品店，同時善加規劃寬廣的家族土地，攢錢蓋了舒適又現代的水泥磚塊屋舍給老邁雙親、自己的妻兒與弟弟一家居住。後來梅如卡觀光業愈形興盛，他更在靠近柏油路的自家土地上蓋了雜貨舖和觀光用品店，分別讓自己的兒子與弟弟經營，自此收入頗豐。哈欽每一步的操作與規畫，都可見到把家族視為一個整體。

有些長子甚至為了照顧家人而做出一定程度的「犧牲」。

從摩洛哥偷渡前往歐洲打工的故事時有耳聞，貝桑親族中就有一位。他二十出頭時因找不到工作，他父親賣了幾頭駱駝，湊錢支付人蛇集團偷渡費，讓他搭上小船，渡過地中海，成功抵達西班牙。上岸後東躲西藏，好不容易找到工作，上工第二天卻被警察逮捕，關了兩三年，習得一口流利西語。遣返回摩洛哥後，該親族雖落得一無所有，家人依然視他為掌舵者，尊敬依舊，他也依舊擔負著養家活口的重責大任，妹妹離婚帶著兩個女兒回娘家，生活仍由他負擔。

雖然沒人當面說過大哥一句，但他感受到自己已失眾人尊敬，不再頤指氣使，張揚跋扈，甚至常帶孩子回老宅取暖，連我都看得出失落的他在尋找往昔的尊敬與「家族之愛」。無奈那專屬於長子的尊崇地位回不去了，家族待他不再是一家之主，倒像來作客的近親。

無論如何，大嫂絕對開心又驕傲，她不再只是與家族同住的長媳，而是擁有自己空間的女主人。大嫂不時在家裡接待娘家親族或三五好友，電視、洗衣機、冰箱及熱水器等現代家電用品一應俱全，擁有全家族最現代豪華的屋舍，日子過得比多數沙漠女人舒適，連我們民宿都沒有那麼多電器用品。

家族成員依舊在彼此生活空間裡走動，大哥小孩常來老宅玩耍，大嫂會來跟大夥兒聊天，我則拒絕踏入大哥豪宅，那是用親情勒索的不義之財蓋起的房子，不祥。

仗著霸道蠻橫的作為，大哥一家八口可使用的空間瞬間擴充三倍，勢力範圍直達二哥小屋，大哥與二哥也從兄弟成了鄰居，對門的兩個人像競賽似地比誰的房子蓋得好、蓋得舒適，爭相將自家屋舍無限往外擴建，時不時因爭奪家族土地或細故而爭吵，我常不知誰比誰更野蠻。

某天上午我備妥早餐，等著貝桑來吃飯，咖啡、茶和煎蛋都涼了，就是不見他蹤影，家族老宅卻隱約傳來吵架聲。

走出一看，原來是大哥已成有樓有房有庭院的屋主依然不滿足，打算封住與二哥共用的既有大門，另外在二哥水泥小屋旁的圍牆打個洞，建造新大門，理由是「現在的大門正對馬路，我的孩子出入太危險」。二哥當然不肯。兩人一言不合，當眾大吵，幾乎演出全武行！

就視覺與動線來說，改大門的提議對民宿營運有不良影響，也讓家族進出更不方便，眾人圍著大哥苦勸，從上午吵到中午，大哥這才悻悻然放棄。

待爭吵終於平息，貝桑開心地要宰羊慶祝，想讓家族開心，我看到的卻是他的改變與磨練。

貝桑常要我體諒大哥孩子眾多，經濟負擔重，或許大哥想改大門的意圖確實是為了自己六個孩子，但他向來占用了最多家族資源、掌握了整個家族泰半決定權。相對來說，年紀最小的貝桑毫無決定權、獲得資源最少，甚至被期待必須滿足家族所有需求，即便代價是他的自我犧牲。身為老么，家族大小事從沒貝桑說話的份兒，如今為了家族整體和諧與我們民宿的長期經營，他被逼得不得不站出來反對大哥，對於重感情與家族關係的貝桑來說，實屬不易。

不久，家族再度發生爭吵，這回輪到二哥想在自己的水泥小屋前另築一道圍牆，正式區隔出專屬勢力範圍。

顯然，個性平穩和善的老好人貝爸受夠了只會索取卻吝於分擔的二兒子，決定給他一個教訓，便要二哥拿錢出來，否則不給築牆。畢竟二哥的房子未經同意就蓋在貝爸土地上，對家族又一毛不拔，所有支出都讓其他兄弟分擔，等到要蓋自己的房子時口袋裡倒是生出了錢！

二哥不肯，硬找工人來築牆，貝爸氣得走了好一段路上警察局，找警察來主持公道。貝媽一心一意避免家族發生爭執，想幫忙打圓場，其他人全勸她別管，二哥確實太過分。

一位家族長輩特地趕來調解，當場訓斥二哥一頓，對二嫂說：「妳丈夫只想依附在他人身上過活，從不肯付出，所有人都受夠了。若妳有任何需求，大夥兒願意幫忙，但沒人想管他。若他依舊如此貪婪又小氣，你們一家五口儘管搬出去，去住他蓋的那間水泥小屋，獨立生活，不要再住家族老宅，繼續吃大家的、喝大家的。」

二嫂激動地直說她不想走，她想和家族一起生活。我見二嫂一臉哀傷，相當委屈，丈夫不成材又不負責任，根本不是她的錯，何況這丈夫還不是她自己選的。

面對二哥長年惡行，家族雖然要求他搬出老宅，卻不是實質意義上將二哥一家五口踢出家門，家族依然善待二嫂，不因二哥的錯而怪罪她。貝媽依舊把二嫂帶在身邊，幫忙照顧二哥二嫂最小的兒子哈利，還說二哥要走就走，她要把媳婦和孫子留在身旁。

在貝都因傳統裡，「家族」永遠是所有人最深的依戀與最大的依靠。男性在外工作時，以親族為優先合作對象；女性基本生存依賴家族提供，主要貢獻更是在「家」的範疇裡，然而一旦發生足以造成撕裂的衝突，也將更加凸顯血濃於水與親情割不斷的特性。

如是，家族內部相互扶持的網絡依舊擴及二嫂與孩子們，願意協助安頓他們的生活。尤其二嫂是育有三個孩子的母親，貝都因傳統中，絕無將「親血脈」、「女性」與「母親」逐出家門的道理。

之前我們的民宿工程尚在進行時，二哥就不時跑來走踏，彷彿民宿是他的私人花園。二哥一來就進廚房，自己開冰箱拿東西吃，如果有客人還坐下來和人家聊天、喝茶，享受我們的服務，任我們在廚房忙翻天，好像自己也是一位觀光客。

那時我曾考慮出資整修家族老宅的破舊雅房，同時在民宿蓋一套公用衛浴並開放給家族雅房客人使用，好讓家族較容易將雅房出租出去，多些收入。

我們很快就和家族所有人談妥了公用衛浴預定地，就在民宿圍牆後方，二哥興建中的水泥小屋旁。即便這套衛浴的存在絲毫不會對二哥屋舍造成任何影響，但我知道他一定會反對，家族所有人異口同聲說不會有事，即使二哥有意見都是貝爸說了算，其他兄弟統統支持我們的計畫。

待談妥也敲定了工人時間，貝桑與我前往外地帶導覽，哪知剛出發便接到四哥來電。果然，二哥大吵大鬧，原本眾人說定的計畫全數翻盤。

四哥說會再想辦法說服二哥，我一聽，怒不可抑，直接說：「明明全家族談妥的計畫，竟然因為二哥大鬧而有變數，這件事我無法接受。現在別想要我出一毛錢幫忙整修家族雅房或者蓋衛浴了！」

對二哥的怒氣一直在我心裡沸騰，總想跟他說清楚。有天，機會終於來了。二哥不知死活地踏進民宿，優哉游哉地散步，我一個箭步衝上去大聲斥責，告訴他興建公用衛浴與整修家族雅房的計畫如何因為他的無理取鬧而全部取消，然後要他滾出民宿。

二哥很訝異，大聲說：「我為什麼不能來民宿？老子想來就來！」我很生氣地說：「這裡完全是花我的錢蓋的，是你弟弟努力工作才有的，你什麼都沒付出，憑什麼享受？連衛浴要蓋在哪裡你都要阻擾計畫，我為什麼要讓你進來？」

二哥又要跟我爭辯衛浴，我揮揮手，沒耐性地說：「夠了，我不想聽，你給我滾出去！以後民宿如果有任何工作機會，別以為我會找你！」二哥踐踐地說：「給我工作機會的不是妳，是阿拉！」我說：「好！你現在馬上滾出去！去找阿拉給你工作機會！叫阿拉給你錢賺！」我抓住他的衣袖，硬是在眾人面前把這個大男人拽出門外！

二哥在民宿側門外怒氣沖沖地罵我，不一會兒又厚著臉皮走進來陪笑，還對我道歉。但我不曾給他好臉色，他便再也不敢踏進民宿一步了。

當眾把二哥趕出民宿門外那天下午，貝媽來到民宿，老淚縱橫地說起自私自利的大兒子與二兒子，尤其對二兒子心灰意冷，說他這輩子沒給過家裡一毛錢，卻長期賴在老家當寄生蟲，老媽媽完全是為了那三個孫子，否則早把他趕了出去！她也親自要求大兒子與二兒子不要再來民宿煩我們，讓我們好好經營。

為了爭奪土地而來的兄弟鬩牆，對這個貝都因家族來說，可是新鮮事。

過往遊牧民族在沙漠逐水草而居，土地、牧草與井水皆共享，「土地所有權」概念模糊，更無地契或土地登記等事宜，即便是綠洲良田都未登記。近二、三十年來，遊牧民族走入部落定居，人與土地的關係逐漸改變，甚有爭奪等情事發生。

我曾跟貝爸說，如果早年他也在沙丘群一帶占領土地，現在光賣地給財團蓋觀光飯店就可以大賺好幾筆。

貝爸冷笑一聲：「阿拉把天地造得無邊無際，人為什麼要占著一小塊地，硬說是自己的呢？」

兩個兒子為了一小塊地爭持不休，貝爸或許是既傷心，亦不解吧。

民宿

貝媽生的六個兒子裡，工作能力最強也最賣力工作的人，當屬四哥。

若非環境與家庭因素，以四哥的聰明機靈、認真勤奮與旺盛野心，收入與成就絕對不僅如此。即便是天熱難耐的齋戒月，觀光客集體消失，所有人收入掛零，他依然每天待在村子口，與朋友一起躺在騎樓陰影下休息，等著可能出現的遊客，守著掙錢的些許希望。

按理說，早輪到四哥結婚了，卻沒哪個兄長出手幫忙，婚宴費用得他自個兒想辦法。可他長年將辛苦掙得的錢拿回家孝敬雙親，資源迅速流向大哥、二哥與三哥的小孩，自己落得阮囊羞澀，沒錢娶老婆。

貝桑與我初有建造民宿的構想時，兩人都沒有經驗，我不確定自己有辦法找來足夠資金，貝桑想找四哥合作。那時四哥無意加入，他有個法國女友說要來沙漠和他一起創業。

爾後民宿正式起造，眼見法國女友財力不足且遲未出現，四哥口頭答應加入，卻從頭到尾完全沒出力，工程是貝桑在忙，資金是我去找，他只會下指導棋，讓人不堪其擾。

以泥土、木頭與蘆葦等自然建材打造民宿是我打一開始的堅持，四哥對老式做法卻嗤之以鼻，直說現在誰有點錢不是蓋水泥磚塊的現代屋舍。購買門窗、彈簧床、毯子與相關物品時，四哥永遠推我去買最好最貴的，說這樣一勞永逸，附近旅館和飯店用的等級皆是如此，觀光客多愛云云，若希望營運良善，所有物品只能用高檔貨，甚至建議我在民宿院子裡蓋游泳池。

好幾次了，我明確否決他的提議，因成本太高，四哥的態度永遠是：「這裡只有這個方案，所有旅館都是這樣做，妳錢就花了吧！」然後騎上他的摩托車，回去街頭繼續尋找他的客人、賺他的錢，留我一個人面對烈日高照與急速下降的存款簿。

待我們篳路藍縷地慢慢打造出一個天地，民宿大抵完工，有房間可以住人、有沙龍可以使用，能讓四哥帶客人回來賺他的錢了，他這才偶爾來幫個小忙。而一嘗到甜頭，他便覺自己有權享有一切，甚至想直接升格當民宿老闆。

四哥幾年前便花錢請人架設了沙漠旅遊網站，偶有預約，民宿終於稍具規模後，他直接將民宿當成私人接待所，把客人帶來休息、喝茶、放行李，再安排客人騎駱駝遊沙丘。

剛開始我們體諒四哥沒錢，雖飽受干擾，不曾干涉，想不到我們的隱忍體諒竟讓他得寸進尺。

某天清晨，四哥不曾事先告知，一大早接了一團客人進民宿休息，車子直接開進民宿院子。近中午又帶另一團客人進來，在民宿沙龍裡喝茶、聊天，享受了一整個下午的優閒靜謐。隔天，兩團人馬再陸續回民宿淋浴、喝茶。做為補償，四哥給了我們少得可憐的淋浴費。

又有一天，我突然看到一個工人在民宿門口搬土磚，一問才知是四哥找來的。我馬上對貝桑說：「工人是四哥叫來的，誰叫的誰付錢，這筆工資我不付。」隔天，為了迎接客人，四哥又找人來打掃民宿，我同樣說這筆錢我不出。四哥太習慣民宿所有支出全由我買單，搬磚頭、打掃，全是自己就能完成的工作，他找工人代勞，彷彿自己已是個大老闆。

一回則來了三位義大利人，說是攝影師，四哥希望他們幫民宿拍攝美照並提供給民宿使用，想讓他們在民宿免費過夜。

很快地，四哥愈來愈常帶客人來使用民宿，對我們造成嚴重干擾且屢勸不聽。我與貝桑努力工作，用心打造民宿空間，希望能帶來客源與工作機會，慢慢改善家族經濟，也盼望推動對沙漠更友善的觀光方式。每回有客人，我們都會請四哥幫忙，該給的費用從沒少過，甚至體諒他急著娶親而多給些。

四哥同樣努力工作，但他只為自己工作，帶客人使用民宿後支付的費用遠比給一般旅館都低上許多。我一直都知道四哥想要錢，也很努力在賺錢，知道他從小窮怕了，但這無法合理化所有行為。

終於，貝桑和四哥大吵一架。

貝桑生氣地告訴四哥，如果他該給的費用不給，以後不用再帶客人來。四哥委屈地說他受夠了自己的弟弟，民宿剛開始營運，為了爭取客源，他很努力拉客，偏偏現在到處削價競爭，藉由網路，觀光客到處比價，全都在找最低廉的旅遊方式，他不得不降價，否則根本沒有客人要來。他自己口袋空空，什麼都沒有，為了家族與民宿賣力工作，卻被自己的弟弟辱罵，寧願到城裡當司機都不要受這種氣，如果一開始就這麼常為了錢吵架，等以後民宿上軌道還得了！四哥說他要的不是錢，而是愛與尊重，不要家族裡有任何爭吵，說著說著便在我面前嚎啕大哭了起來。

我態度平和地對四哥解釋，他當然都有給我們費用，只是相較於支出，真的是完全不敷成本，照這賺錢速度，恐怕十年後依然無法回本。四哥解釋萬事起頭難，加上削價競爭太普遍，若不壓低價格，連一個客人都拉不到。我點頭說理解，問題在於利潤太少，就是一筆賠錢生意。

近年藉由網路，旅客最容易查到也最愛拿來比較的便是價格，旅遊業者之間的削價競爭讓來沙漠的旅客愈來愈挑，往往只想付一丁點費用，卻獅子大開口地什麼都想要。

為了爭取客戶，四哥幾乎全盤接受旅客提出的所有要求與低廉價格，為了照常賺取他想賺取的利潤，便將削價競爭的成本轉嫁到民宿上，以至於花了大筆資金與無數時間建造民宿的我們，眼巴巴看著他帶來一個又一個客人，對營收的幫助卻微乎其微。

我不知怎麼讓四哥明白，舉凡帶客人回來喝茶、聊天、請吃飯，甚至把我收藏的手工編織坐墊慷慨餽贈客人等行為，之於他，是打好人際關係，是幫民宿打廣告、培養未來客源；之於我們，是賠錢讓他的客人免費享受民宿空間，負擔他待客的茶、糖、花生、乳酪與餅乾等額外開銷。

貝桑早就對四哥給民宿的低廉費用相當不滿，數度抗議，無奈一切照舊。四哥還說其他旅館收淋浴費就這個價碼，有些甚至不用錢還招待喝茶！貝桑怒極了，要他儘管帶客人去別家。我心想，原來四哥只當民宿是個淋浴間哩，那快點帶客人到其他旅館去吧，我才不信其他人會給他這麼多方便！

以血脈相連的家族為單位，群策群力謀生，這是悠遠的遊牧傳統，即使進入觀光業亦然。

今日的梅如卡許多大飯店都是家族企業，往往是其中一個孩子經營得當，發達了，其他兄弟自然而然加入相關產業鏈。一間經營良善的飯店裡，從櫃台、接待、司機、駱駝伕，甚至是合作的紀念品店舖，極可能彼此都是親族。

待家族企業壯大之後，親手足之間多半會爭取更大的獨立經營空間，甚至自行創業，例如離開飯店開設觀光用品店，或是投資購買駱駝，從駱駝伕搖身變成駱駝主。

另一方面，長幼有序的傳統大抵不變。一位在兄長經營的飯店打工的年輕人曾私下向我抱怨，雖然飯店經營得有聲有色，兄長將老宅改建成水泥磚房，讓父母與親手足住在舒適的現代屋舍裡，但這些全是兄長個人名下財產，親弟弟一個個只能領取微薄工資，沒有能力自立門戶。

當然，人多口雜，一旦牽涉到經商與金錢，即便親手足都難免紛爭，但亦不乏順利在觀光業立足且仍維持龐大家族完整性者，碧霞飯店就是一例。

天資聰穎的艾里多年前取得德國觀光客信任，獲得大筆投資，建造飯店且經營有道，進而拓展事業，擁有數座帳篷營區，疫情前甚至開始投資沙灘車出租，生意蒸蒸日上。由於業務龐雜多樣，家族兄弟各有負責的項目，例如長兄負責飯店，二哥負責其中一座營區，艾里負責另一座營區與沙灘車等，外人固然無法得知家族內部是否其樂融融、合作無間，但就工作與業務上，碧霞飯店家族確實將遊牧傳統中的家族分工與團結模式運用得相當完善且適恰。

不無意外，貝桑期望我們和四哥組成一個合作無間的團隊，希望家族團結起來好好工作，何況他從小跟四哥最親。

民宿之於貝桑，是他生平第一次享有這麼多資源與機會得以嘗試獨立工作。建造過程中，他不僅尋覓工班、購買建材，甚至親自跟著工人上工，整個空間有著他極大的付出、勞動及創造。

但對四哥來說，民宿幾乎是他藉由血脈親緣，不費吹灰之力得到的掙錢籌碼、培養自己人脈的「基地」，毫無成本壓力，也成了他削價競爭的「資本」，賺一分是一分，唯有放入口袋的白花花銀兩才實在。即便削價的做法很容易把民宿搞成賠本生意，賠掉的也不會是他的錢。

一旦意見不合，四哥便藉故當眾辱罵貝桑，態度兇狠，毫不留情，完全是長輩教訓小孩的高壓姿態，貝桑則相當孩子氣地回嘴。我懷疑四哥嫉妒貝桑，藉由公開辱罵來施展自己的權威並發洩情緒，一如這世上諸多雄性動物需要將對方踐踏在腳底下來展示自己的權力與存在價值。

立場不同讓兩兄弟數度爭吵，連續好幾天沒說話。

一天晚上他們回老宅吃飯，貝桑首先打破沉默，開口跟四哥說話，四哥很快說起我們不再讓他帶客人回民宿淋浴的不滿。兩人一言不合，當著所有人的面吵了起來。四哥怒氣沖沖回房，貝桑一路嘟囔著回來，貝媽與三哥跟了過來，三人激烈的討論吵醒了睡夢中的我。

原來四哥威脅，如果我們不讓他像之前那樣自由使用民宿，他就要在民宿庭院旁的帳篷區築起一道土牆，區隔出兩個空間，民宿房間與庭院讓給我們，帳篷區那塊則任由他帶客人回來使用。

我冷笑，打算隨四哥去，竟也因此在他身上看見某種「孤立無援」，他那拖延太久的婚事，家族完全無人有意願與能力幫忙。四哥拚了命掙錢，想靠自己成家立業，事實上他若想成家立業，確實也只能靠自己，同時還得幫忙家族龐大的經濟重擔。

第一次，我在食指浩繁的喧鬧家族中，在臍帶接連著臍帶的緊密連結裡，看到了一份孤涼，人人只求自身利益的冷漠孤單。

雖然人高馬大，五哥卻相當沒自信，連容貌都不全。

貝桑約莫十歲時，有一回和五哥與一位鄰居小朋友一起去牧羊。天氣很冷，他們就地生火取暖，恰巧看到不遠處有個圓圓金屬物品。雖然不清楚那是什麼，貝桑卻有不祥預感，要大夥兒別碰，偏偏五哥貪玩，彎腰拾起，直說根本沒什麼，輕佻地把不知名物丟入火堆，瞬間爆炸！

貝桑毫髮無傷，鄰居小朋友受了輕傷，五哥卻半邊臉都被炸掉，牙齒和舌頭裸露，一塊火熱的鐵片插在胸口。五哥一直說好痛，要喝水，貝桑知道一旦五哥喝了水就會死掉，說什麼都不給他喝。

巨大的爆炸聲響直直傳到村子，貝爸一個朋友預感是三個孩子出了事，趕緊騎摩托車過來，五哥命大，及時送往醫院，隔幾天送首都拉巴特大醫院，住了兩、三個月才出院。貝爸和貝媽賣掉好幾頭駱駝才湊足極度高昂的醫療與整形費。

後來才知道，原來那個金屬物品是根本不應該出現在村子裡的手榴彈，理論上該有相關單位負責五哥的醫療費，事後軍方和警方也都來查看，做了好多紀錄和調查。然而這麼多年過去了，那筆錢從來沒出現。

貝桑說自己那時受到很大驚嚇，很悲傷，容貌就變了，連眼睛都變小了。至於五哥，從此以頭巾包住臉頰，遮住疤痕與那份殘缺。他平時在外雲遊四海，誰都不知他在哪裡，當然也極少帶錢回家，是貝媽所有兒子裡腦袋最不靈光且能力最差的。

一回我們去肉舖買雞肉，遇到五哥，他點頭跟我們打聲招呼便低頭匆匆離開，一臉尷尬。肉販叨叨絮絮地不知和貝桑討論什麼，我很困惑，買個肉怎麼聊這麼久？

終於，貝桑轉頭問我：「我們兄弟要輪流買肉回家，這禮拜輪到五哥，可是他沒錢，只好跟老闆賒帳。老闆問妳願不願意幫五哥付錢？他不知道五哥何時才有錢還他。」

二〇一五年剛創業那當下，蓋完民宿後，我們擠出最後一絲資源，買了一輛適合沙漠地形的野狼一二五摩托車做為代步工具。二〇一六年初，我們經常外出工作，因工作需求多半租用吉普車，五哥順理成章「借」走了摩托車，從此連人帶車消失得不見蹤影。我們連出門買菜都得四處借代步工具，大大影響工作與生活。

我要貝桑把摩托車討回來，他支吾其詞。

「你打算把我們的摩托車送給五哥嗎？」

「沒有，只是借他，車子是我的。」

話是這樣說，貝桑卻一丁點向五哥要車的意思都沒有。我請四哥幫忙，他同樣含糊不清帶過。我心裡明白，他們兄弟非常同情五哥活得比誰都落魄，這輩子連一輛像樣的摩托車都買不起。

過兩天，三哥帶小孩來民宿庭院散步，我抓住機會請三哥幫忙，他點頭，答應我會跟五哥要回我們的摩托車。

一個禮拜過去，毫無下文，三哥說五哥沒回家。我心想，你們兄弟間不是有彼此的手機號碼？打個電話不就得了！

待三哥離去，貝桑要出門上清真寺，連輛腳踏車都借不到。我問他何時要向五哥討回摩托車？他唯唯諾諾答應，不一會兒開始說起五哥什麼都沒有，車子就留給他，這事就這樣算了。

我不肯，貝桑提議修好五哥壞掉的小摩托車，有車代步去買菜就好。為了不讓家族轉嫁五哥對摩托車的需求，我直截了當要貝桑給我五哥電話。

貝桑一聽，生氣地轉頭跑掉。我沒打算善罷甘休，快步走入老宅找三哥。

三哥馬上拿起手機打電話，在旁的三嫂理解地點頭，可該死的五哥不接。

這一鬧，驚動了一大家子，每個人都看見了我非把車子要回來的堅決態度。一直以來，我盡力避免衝突與紛爭，努力維護貝桑在家族裡的面子與男性尊嚴，但我真的不知道除了直接殺進老宅，當著眾人的面請三哥幫忙，如何才能打破這堵堅硬沉默的牆？

等了好幾天，三哥說他已經聯絡上五哥，這兩天就會歸還摩托車。接著又好幾天過去，我依然等不到摩托車。最後，三哥無奈地承認，五哥躲得不見人影，顯然無意歸還。

面對五哥的一皮天下無難事，我氣極了，卻又莫可奈何。

無法避免，我們與四哥之間終究決裂了。

四哥唯利是圖，為了賺錢，把自己真正想法和感受埋得很深，說些狀似順從對方的話，實則另有打算。

剛進入齋戒月，貝桑與四哥因工作而吵架，冷戰一整個月；齋戒月一結束，我們忙著迎接旅行團，我猶豫要不要讓四哥加入工作團隊，重視兄弟親情的貝桑終究無法將四哥剔除在外。

我們帶客人馳騁撒哈拉，客人在民宿的飲食只能仰賴能力最強的四哥打點，卻也讓人看見他根本不如自己說得那樣懂觀光旅遊業，即便號稱多有經驗又多厲害，現場依然雜亂無章。

對此，四哥提出的改善方案是建議我花更多錢。例如上菜流程紊亂，唯一解決之道是添購大飯店 buffet 專用的高級餐桌。

那天忙完工作，大家正打算休息，四哥突然宣告月底他有九個義大利客人會來民宿淋浴與休息。

當著眾人的面，我正式且公開地對他說，我們花這麼多時間、心力和資金蓋民宿，為的不是賺淋浴費，不然蓋浴室就好了。

四哥認為貝桑和我不懂經營，賺錢速度太慢，理應像其他旅館那樣賺騎駱駝和過夜的費用。我說我們沒有駱駝可以出租，也不希望民宿只能充當客人的淋浴間。

他說：「所以這裡需要蓋個公用衛浴。」

我很堅定地拒絕：「為了蓋民宿，我已經花太多錢了。對我來說，民宿已經完工。我完全明白你有你的需求，但是你的需求不能期望我來滿足，你需要一套衛浴給你的客人，不應該理所當然認為我就得花錢蓋，就像五哥需要代步工具，不表示他有權拿走我買的那輛摩托車。」

這番話大大惹惱了四哥，也讓他意識到，我的強硬態度讓他很難從民宿獲利，大聲說著今天要跟我把話說清楚，土地是他、五哥與貝桑的，他有權成為民宿管理者之一。我說土地是貝爸的，民宿工程完全是我獨資，是和貝桑一起蓋的，實在看不出他的貢獻在哪裡。

四哥開始失控飆罵，愈來愈激動，責怪我態度不佳，嫉妒身邊所有人，心腸和蛇蠍一樣壞，痛斥我不讓家族小孩在民宿玩，當眾汙衊我數度毆打家族小孩，鄙視我以前靠跳舞賺錢，道德有瑕疵，不見容於伊斯蘭，因為我是他弟弟的妻子，所以他才一直把這些話放心裡。

四哥反覆說這塊地是他的，這裡是他的，民宿一切全都是他的，以後只要有房間出租，我們就必須給他一半營收。我說我看不出道理何在，難道我為民宿投入的工程資金全都不算數嗎？

四哥說不過我，轉而攻擊貝桑，罵他笨、罵他反應慢，什麼都不懂，被我玩弄於股掌之間。接著惡劣地嘲笑貝桑，說他賣力為我工作這麼久仍然一貧如洗，因為我竟然膽敢說民宿是我一個人出錢蓋的。

我坦然笑著說，貝桑一點都不笨，相反地，他工作能力極佳，否則台灣旅行團不會這麼喜歡我們提供的撒哈拉深度之旅。

這時，五哥聞聲跑進民宿看熱鬧，不知好歹地跟著四哥開罵。我見機不可失，指著他破口大罵：「你們全家都在利用我，這傢伙騎走用我血汗錢買的摩托車，死不歸還！」

四哥當場沒面子，大怒，以兄長威嚴施壓五哥還車，五哥這才悻悻然牽來摩托車，交還鑰匙，卻也因此對我不滿，怪我變了，心腸好壞，和之前都不一樣。

四哥認為，民宿既然蓋在貝爸的土地上，理應全家族都可以自由來去，誰都可以來這裡取用任何自己想要的，可以大剌剌走進民宿沙龍喝茶，任意開冰箱拿東西吃，甚至坐下來和客人聊天。

即使我說這不利於民宿營運，且我能做的是慢慢創造工作機會，讓大家都能賺到錢，四哥仍然堅持土地是他們的，所以他有權共同經營民宿，但是他不屑跟我合作。如果我想關起門獨自經營民宿，就得支付高額租金給貝爸，想購買土地也行——開價台幣五百到一千萬。

沙漠土地根本值不了這麼多錢，四哥擺明坑人。我笑一笑，搖搖頭：「我對這塊地不感興趣，只想把投資的錢拿回來。」

四哥說可以，他會去湊錢，把我投資的錢還我，把民宿所有建設都買下來，以他的信用與人脈，絕對借得到。我聳聳肩，不置可否。

一場爭吵，讓我看見四哥多麼想拿下民宿經營權，而且真心認為自己理當有此權利，也看見了活得更加落魄的五哥同樣希望藉由我的出現，能拿一點是一點，且視之為理所當然。

四哥認定我一個外國女人在沙漠無依無靠，語言不通，貝桑耳根子軟，容易動搖，所以欺負我、霸占我們的心血都沒關係。即便我很明確地不受他控制，他依然覺得只要聯合五哥持續施壓，必能讓我就範。至於不具威脅性的么弟貝桑，四哥壓根不看在眼裡。

眼見四哥露出了真面目，我整個人處於一種坦然淡定的奇怪狀態裡。我不可能屈服在壓力與脅迫之下，也不會讓自己委屈，只覺自己內底有股如如不動的力量，淡淡地看著眼前不停幻化的世間有為法。

與四哥激烈爭吵後，恰巧貝桑姊姊蕊雅回娘家。傍晚，她特地來民宿找我，嫂嫂和貝媽一起跟了過來，氣氛一團歡樂。那當下我真心覺得，若四哥想「推翻」我、獨自擁有民宿，倒也沒那麼容易，除非他能籌出足夠的錢，否則也拿我無可奈何，畢竟家族和樂實在太重要了，沒有人願意為了與自己無關的利益而與任何人起衝突。

當然，四哥永遠是血親，我永遠是外人、是異族，但我的存在為家族帶來很多好處，除非四哥能給大家更多好處，否則短時間內，不會有人想改變什麼。

在窮困的沙漠，人人自顧不暇，誰不想圖個耳根子清靜？「自掃門前雪」永遠是常態。就像若我對五哥取走摩托車一事保持沉默，他們也樂得可憐的五哥有輛像樣的車可以騎；若我堅決取回，他們依然同情五哥，卻也不會為他多做什麼。

隔天，蕊雅幫我這不擅家務之人徹底打掃了民宿廚房，裡裡外外洗刷得纖塵不染，煥然一新！然而，每回貝桑家人自動自發打理民宿，我心裡總想著：「該付錢嗎？我根本沒要他們來打掃，但他們總是源源不絕地來，又不能趕人，可是如果付錢又真的很怪，而且完全付不完！」

蕊雅打掃完廚房後，我們坐在沙龍聊了一下，她認為四哥一無所有，我們應該把民宿借他賺錢。我一聽，心都涼了，但這恐怕是家族普遍的心態：「這個異族女子根本不缺錢，民宿又弄得好好的，與其讓房間空著，不如讓四哥賺錢。」

若問，我在防四哥什麼呢？

防他的貪婪、他的野心，防他自大地以為自己最懂旅遊業而想干涉民宿營運，防他有一天成功鬥下我和貝桑，不費吹灰之力獲得一間蓋得好好的民宿。我知道四哥有多想當大老闆，每回帶客人來，他那意氣風發的姿態，完完全全把民宿當自己的所有物。若我離開，無須多久，唯一在這民宿發號施令的人只會是四哥，貝桑鬥不過，絕對會被邊緣化。

我總算漸漸明白了，對家族來說，所有資源共享才是常態，既然我和貝桑結了婚，我的財產就是貝桑的財產，而貝桑的財產自然也是全家族的共同財產。尤有甚之，因為民宿蓋在貝爸的土地上、因為蓋在老宅旁、因為我與貝桑結了婚，家族更是理所當然視民宿為家族共有財產——即便早在動工前我數度說明計畫，依然無法撼動傳統觀念一分一毫。

至於那輛野狼一二五，數場與家族的衝突，因經營理念差異而來的爭執，無不讓貝桑傷心混亂，從此不肯再騎，我也失去了興致。

過兩天，五哥神情落魄地對我道歉，再度向我「借」摩托車。我把鑰匙給他，跟他說用完之後要還我，他點頭。

但我知道，五哥不會還，這就是家族對待我的不變模式，我一直在孤軍奮戰，只為保留住自己的一點點資產。

界線

土地、牧草與水資源共享的傳統，讓遊牧民族得以在艱困的自然條件中一代代存活下來。廣袤荒漠人煙稀少，邊界泯滅，血脈相連的情感將渺小個體於一望無際的沙漠織成了一張綿密的人際網絡，渺小個體消融於難以割捨且關係緊密的至親家族裡，活在共食共居共工的傳統下，個體及隱私觀念並未建立，遑論「個體私有空間」等概念。

民宿剛蓋好時，客人不多，到了晚上，沙龍幾乎成了貝桑親族好友歡樂聚會的免費場所。這場景讓我不免焦慮，畢竟我將所有積蓄、親人支持與朋友贊助全砸了進去，為的可不是造福貝桑親族友人。在不斷反覆提醒與堅持之下，也因漸有客人出現，幾個月後，終於，家族慢慢退出了民宿空間。

民宿與老宅之間本來沒有明確界線，爾後我們慢慢築牆，又做了朝向馬路的大門，終於擁有獨立出入口。理論上，民宿營業空間與家族活動範圍已能清楚區隔，貝桑卻硬在緊鄰家族那面牆上敲出一道口子，安裝側門，方便家族出入。

之於我，那扇側門象徵了貝桑與家族永不可能切割的情感與血脈連結，是他「回家的路」。直到二〇一七年春，貝桑才封住荒謬至極的側門。

空間界線模糊之外，民宿裡的物品時常莫名消失。

一回，剛買的果汁機不翼而飛，原來五哥知道我們有果汁機，來民宿拿了就走，完全沒告知，也從沒想歸還。我三催四請，貝桑從老宅拿回一台果汁機，老舊骯髒，上頭黏了不少乾掉的果汁殘渣，才用兩天就打不動。仔細查看，果汁機被五哥掉了包。

毯子時常離家出走，小東西如打火機，無論我放了幾顆備用的在廚房，三天之內，絕對一個都不剩，讓我一度懷疑百慕達三角洲搬來了撒哈拉。

多年後我才發現，原來民宿神祕消失的四張雙人彈簧床全被三嫂吆喝家族小孩搬回家，在我回台灣時。

家族時常來民宿取用物資且不知會，類似繁瑣情事日日發生。我得像頭兇狠母獅坐鎮民宿，也愈來愈少和家族同桌共食，唯有保持距離，才能讓民宿還有一點點民宿的樣子。

雖說鄰里親族的日常生活之間，借借柴米油鹽稀鬆平常，但在沙漠與家族的語境裡，我成了被眾人集體借物資的唯一一個。

所有嫂嫂中，最常代表家族和我接觸的是三嫂，家族需要食材或任何物品，經常派她過來拿。或許是因為三嫂是三個嫂嫂裡唯一上過學的，比較知道如何和外國人溝通。

每回三嫂一進民宿，只需左看看右看看這幾秒鐘，便知道我家有什麼且牢記在心，哪天需要便大大方方登門索討。數不清多少次了，我在她開口索取某物品時才赫然想起，原來我家裡有這東西閒置著呢。

一回星期五，三嫂要女兒涵涵來民宿提醒我晚點過去老宅吃庫斯米（couscous），不一會兒，趁難得可以進入民宿，小女孩就這樣吃掉我一大包餅乾。很快地，涵涵的弟弟艾明也來了，忽然間，廚房三根香蕉剩兩根。又過了一會兒，三嫂進民宿找小孩，接著走進廚房，我先聽見她開冰箱的聲音，接著便問我可不可以拿一點點冰箱裡的雞肉回去煮庫斯米？我點頭。

那天晚上準備煮飯時，我打開冰箱，發現整隻雞的雞胸，連帶骨頭，非常完整地被三嫂帶了回去。也就是說，中午那鍋庫斯米的雞肉來自我家冰箱。整塊雞胸都切回去叫做一點點！我一轉身，發現台子上的糕點也全部消失，應該是被三嫂順便掃回家了。

初期為了民宿營運所需，我會多備些茶、糖與麵粉，卻很快發現自己失策。三嫂發現我家裡竟然有「閒置不用的食材」，自此以後，我家儲藏室便成了家族免費供應站，茶葉用完了、糖沒了，不是去雜貨舖購買，而是來我家幫忙消耗備用品，煮飯少了食材直接進民宿廚房開了冰箱就拿。

我曾經相當困惑，家族明明食指浩繁，為什麼除了幾袋麵粉，似乎不備任何儲糧？每天吃的蔬果肉類都只買剛剛好的一天份，餅乾糖果之類的「奢侈品」更是客人來時才買回些許，即使三哥帶兒子去雜貨舖買餅乾也從來不會多買，總是只買一小包，回家後讓所有小孩均分，自己兒子只分到一口。

廚房食物與用品不斷消失的慘痛經驗讓我慢慢明白，生活在大家族裡，哪管什麼東西是誰買給誰的，只要放冰箱，被看見了，很快就會進了某個人的肚子，根本沒有「儲存食物」的可能。

不只如此，家族索討的物件可說包羅萬象。嫂嫂們只要一進我房間，不曾空手離去，看到喜歡的東西就開口要，永遠希望我給她們護膚品與化妝品，還指定必須是台灣來的，大嫂更時常向我索討台灣的藥物與藥膏。長達兩年，三嫂一見到我，開口第一句話就是跟我要手機。有次貝桑載我進城去藥房買擴張劑，剛出門手機就響了，家族女人一個個跟他交代自己想要的藥物。

然而，據我個人觀察，若嫂嫂A喜歡嫂嫂B的某個物件，舉凡衣服、首飾或香水，正常反應是要求自己的丈夫購買，並不是向對方索討——除非自家小孩看別家小孩吃東西，嘴饞，才會開口請對方分食——就像大哥長子薩伊有能力讓弟妹們一人一輛腳踏車，二嫂和三嫂可不曾要求薩伊提供腳踏車給自己的小孩。

另一方面，我同樣親眼見證著家族女人之間的彼此饋贈。嫂嫂們會把從我這裡取得的物資流通給娘家，或是相互贈禮，但我極少成為那個被贈禮的人。回沙漠至今，只有貝媽、堂哥卜拉辛與三哥送過我禮物，而三哥送禮往往是因為我常送禮物給他女兒涵涵，屬於回贈。

男性間亦是如此。在貝都因共享傳統之下，已成家立業的男性依然保有一定程度的個人資產。如大哥、二哥與三哥後來各有房產，他人未經允許，不得擅自使用，四哥成功創業後，帳篷營區是他的個人資產且遠離家族老宅，他人不會動任何歪腦筋。貝桑要是需要獨立空間給朋友暫住，會請三哥出借他的空屋。

但貝桑和我要去城裡繳交家族老宅水電費，大哥理所當然把他家豪宅的水電費帳單拿給貝桑，擺明要我付。我們進城買建材，二哥要貝桑代購磁磚且無意償還。我曾同情五哥貧困，送他一支手機，幾個月後手機摔壞了，他直接跟我要一支新的。

我可以對女人們的要求充耳不聞、可以跟四哥當眾大吵，卻很難將家族小孩全然拒於門外。

上雜貨舖採購食材，一出門就發現家族小小孩緊跟在後，希望我順道買餅乾糖果。他們也時常趁阿公阿嬤來民宿的機會，跟在後頭溜進來，接著就是討東西吃，有時則成群結隊索討，甚至順手牽羊。

二〇一五年剛回沙漠定居時，最常來找我玩的是大哥次子穆罕默德和他的小跟班、二哥次子猶瑟，我真心把他們當成我在沙漠難得的朋友。

沙漠小孩習慣幹活兒，我容易氣喘，沙漠粉塵又重，打掃家務對我來說是很沉重的身體負擔，貝桑便要他們兩個大男孩幫忙。他倆樂意得很，把打掃當遊戲，玩得不亦樂乎，我也從不吝於精神上的肯定與物質上的獎勵。

但就像所有小孩一樣，穆罕默德和猶瑟一進民宿便東瞧西瞧，什麼都逃不過他們的火眼金睛，尤其我房裡常有台灣客人帶來的物資，對沙漠小孩來說，全都是有趣極了的珍稀物品。看到喜歡的，他們時常在打掃結束後跟我索討，甚至直接帶走。比如穆罕默德曾經向我借用MP3，自此我就和那支MP3永別。有次大哥長子薩伊託弟弟穆罕默德轉交隨身碟——正是我放房間卻遍尋不著的那一顆。

二〇一一年剛認識貝桑時，我滿喜歡大哥長女法蒂，那時她才十一歲。二〇一五年回沙漠定居後，我陸續給了法蒂不少東西，卻漸覺她的態度愈形詭異，拿得理所當然。有些東西她未必用得上，卻是看到了就開口索討，若婉拒她就不高興、擺臭臉。

法蒂每天一有空就來煩我，在房間到處看、到處摸，把行李箱與衣櫃裡所有私人物品一一翻出來檢視，好似貴婦在百貨公司挑貨。任何物品只要看上眼便直接開口要我送她，我若不肯，她便死纏爛打，態度流露出某種早熟的世故滑溜。一回她跟我要乳液，我拒絕，一轉頭，發現半瓶乳液空了，全抹在她臉上。

本以為這種翻箱倒櫃一一查看我東西的習性，是因為遊牧民俗風情不太有「私人物品」的概念，人我界線薄弱，要自己別太在意，後來卻發現家族所有小孩裡只有她這麼明目張膽。

我提醒貝桑這件事，他卻不以為意，後來才從四哥口中得知法蒂很小就和觀光客一塊兒混，發展出了一見外國人就理所當然索討的習慣。我幾乎可以想像小時候的法蒂眼睛大大的、笑起來甜美可愛，想從觀光客那兒要到東西，輕而易舉。

匆匆來去的觀光客對當地狀況不甚理解，很可能因為同情偏鄉小孩「好窮、好可憐」而贈與物資，自以為是慷慨做公益，卻無法得知甚至不需要知道這些物資與禮物給出去之後，將對當地孩子造成什麼樣的影響。

曾有村人跟我說，梅如卡有學校，小朋友本來都要上學，可是許久前的某一年，一群西班牙觀光客覺得小朋友「好窮、好可憐」，買了些筆記本、鉛筆和糖果在路上發放，說是「做公益」，從此好些小朋友就不再去上學了，天天在街頭等觀光客發禮物。

法蒂曾在我房間搜出一盒台灣彩色鉛筆，理所當然地跟我索討，好像那盒彩色鉛筆原本就屬於她，我搖頭。爾後，二哥次子猶瑟哀怨地跟我要，我也搖頭。不久，涵涵跑來找我，我主動拿出那盒彩色鉛筆和筆記本陪她玩。

花錢、給物資，最容易也最簡便，卻無法預料或控制物資流入孩子手中，究竟助長了他們內底的什麼？最難卻也是最該做的是花時間理解、陪伴與引導，在人的「心」上做工。賞小孩一盒彩色鉛筆未必能啟動小孩子的創作、想像力、色彩與繪畫潛能，陪伴與引導卻可以。

數度向貝桑表達家族小孩進民宿玩耍對我造成的困擾，他總支吾其詞，最後坦白自己無法狠心地趕哥哥們的小孩出去，此時驅趕將讓小孩留下難以磨滅的童年記憶。而我雖然經常抱怨小孩們真的太干擾人，心底也很清楚，自己討厭的並不是任何一個家族小孩，而是傳統大家族生活。

個人空間不斷被侵擾、私人物品隨時可能消失的感覺並不好受，我只能適應，生活因之愈形簡樸。

家族將民宿當作免費物資供應站，不僅干擾我的個人作息，也嚴重影響民宿正常營運。

夏季是沙浴季，各地摩洛哥人湧入梅如卡享受民俗療法，貝桑姊姊蕊雅也會回娘家住上兩三個月，順道幫女客做沙浴服務，賺點生活費。

蕊雅高大肥胖，心腸軟，母性強，擅長打掃家務，自從二嫁到城裡後，廚藝功力大增，就是極度貪吃，甚至把我家食物順手牽羊地帶走。

一回，蕊雅上午來民宿打掃，順道把櫃子裡的餅乾送入五臟廟，絲瑪和涵涵兩個小女孩兒也跟著偷渡了進來。慢慢地，小孩愈來愈多，蕊雅愛憐地將廚房裡的餅乾分給孩子們，拿出冰箱裡的汽水款待所有人，彷彿廚房所有物資皆歸她管，不曾顧及我的感受與需求。近午時分，太陽把帳篷區的沙子晒得熱呼呼，女人小孩就這樣在民宿做起了沙浴！

來做沙浴的摩洛哥旅客多半舉家出遊，偏好廚房、衛浴、臥室與客廳一應俱全的家庭式格局，而非「天堂島嶼」提供的套房，貝桑每天到村口招攬遊客，時常從早忙到晚，空手而返。那天他滿腹挫折地回來，看到蕊雅躺在民宿院子做沙浴，孩子們把民宿當遊樂園，毫無營業氛圍，氣急敗壞。我們討論後，決定不再讓蕊雅來民宿邊打掃邊吃喝，貝桑也把話挑明了，請蕊雅莫再踏進民宿一步。

隔天，貝桑清晨就上工當導遊。天亮，男孩們來幫忙打掃民宿。不一會兒，蕊雅大搖大擺拎著涵涵和絲瑪從大門進來，男孩子瞬間化身民宿守護者，衝上去趕她們離開。我跟蕊雅說我們有工作，不方便讓她跟孩子們來玩，偏偏她就是不走，甚至和男孩們扭打成一團！

這時，貝桑回來了，他要蕊雅回家，想不到她竟然一屁股坐在地上，死賴著不走。兩人激烈吵了起來，貝桑氣得摔破水瓶、水杯和陶土花器，怒吼著要請怪手把民宿所有建物統統推倒。一切看在眼裡的孩子們默默收拾著滿地碎片。

貝桑告誡蕊雅不要再跟我討東西吃，也不要偷吃餅乾。她說不是她吃的，孩子們拿出空盒，直說明明是她吃的，還偷藏在圍裙裡，帶回老宅發給其他小孩，蕊雅這才道歉，堅持她只吃一點點。

不一會兒，貝媽聞聲趕來，三人吵成一團。我真心同情貝桑必須面對如此龐大的家族壓力。終於，貝媽離去，留下貝桑和蕊雅繼續吵，顯然她什麼都不懂也不想懂，卻死不放手。

貝桑「戰」累了，後悔把民宿蓋在家族土地上，紛爭不斷，時常夾在我和家族間，說著不如改去台灣發展。我馬上回應：「好啊，我們買機票吧！」蕊雅露出不確定的眼神，即便聽不懂法文，仍舊聽得懂「台灣」。

貝桑又說想請怪手摧毀民宿，什麼都不留，這樣大家就不會吵架了。我快樂又熱情地說：「支持你把這裡全毀掉，我們一起回台灣！我也受夠每天爭吵不斷的日子了。」

貝桑與蕊雅一聽，一臉無法置信，面面相覷。蕊雅陪笑說不要這樣，貝桑沉默不語，兩人隨即散去。

萬萬想不到，正午，蕊雅又出現了，坐在帳篷前做沙浴，還笑著跟我打招呼，好像早上那場爭吵不曾發生，依然厚著臉皮來享受民宿資源。擁有粉紅泡泡少女心的貝桑卻早已被傷得躲進睡夢中，想遺忘一切。

孩子們煮了一鍋塔吉，我其實毫無胃口，為了避免孩子們傷心，我叫貝桑起床吃飯，卻也知道他需要的是睡眠，便叫孩子們去買麵包和汽水再開飯。在帳篷底下做沙浴的蕊雅聽到，要孩子問我她能不能一起吃？我說當然可以，卻更加覺得不可思議。一旦不屈從就罵得格外難聽，但只需半場沙浴與一鍋塔吉，就可以安撫早上大鬧的蕊雅。

孩子們開動，我根本沒胃口，轉身離開，蕊雅跑去要一起吃，大概是看到我和貝桑都不吃覺得不好意思，跟我拿了一大罐冰水，也回去了。

雖然我才是那個隻身在沙漠的異鄉人，但面對家族壓力與文化衝擊，貝桑或許比我痛苦。畢竟我生性強悍，對他來說卻是一場場前所未有的衝突與撕裂。我不怕砸掉民宿，因為我知道路還可以怎麼走，我有能力另起爐灶，於火焰煙塵中重生。反而是家族，將生存需求寄望在民宿上。

與親姊姊與媽媽的爭吵讓貝桑內心遭受重創，家人們卻完全無法理解，依然故我。蕊雅想來就來，還大搖大擺地拎著小孩，想用什麼就用，依然把民宿當自家後院。事實上，家族裡每一個人都把民宿當成公共資源，只是方式與程度差異罷了。

難道這真是貝都因傳統嗎？還是貧窮造成的對待模式呢？若面對的是一個同樣貧窮的貝都因家族，他們將依然故我嗎？還是說面對隻身在此的異族，更容易打著家族共享的旗幟為所欲為呢？總覺得「軟土深掘」是他們給我這「有錢異族」的特殊待遇。畢竟就連大嫂拿自己做的布駱駝來賣我，明明開高價，還說算我很便宜。

貝桑親族多半貧困，也少有與異族通婚的例子。一位親族雖因觀光業致富，在梅如卡擁有飯店、帳篷營區與車行，日日接觸外籍遊客，但仍維持傳統婚姻。另一親族同樣因觀光業而致富，且與西班牙女子結婚，但他平時往返摩洛哥與西班牙，在西班牙生活的妻兒甚至沒來過沙漠，無法得知其與夫家相處的可能狀況。

來自家族那一雙雙索討的手讓人愈來愈吃不消，撒哈拉也不時衝撞著我。

先前每當客人從台灣帶兒童舊衣來沙漠，託我送給「需要的人」，我總得迅速藏好，一旦被家族發現，往往就是在我面前七手八腳一件件「分贓」，這件給誰、那件給誰，只留幾件讓我拿去給更窮困的人家。三嫂某次甚至對我說，如果下次客人又帶童衣來，請我先拿給她挑，她想送給自己大姊娜蒂雅的小孩。

我頗感壓力，總覺台灣客人的善心與資源應該流通到更窮困的人家，但「胳臂往外彎」送物資到外地給非親族之人，罔顧親族龐大需求，未免不符常理且不近人情，雖然家族無法真正阻止或干涉我。

慢慢地我發現，物資一旦發出去就是流通的，一件童衣未必流到我認為該去的地方，而是送到親族認為適合的人選手上。無論如何，衣服絕對會穿在某個孩子身上，至於我是否認識那孩子，一點都不重要。

有一年，我在三嫂表姊夫的店裡買了件粉紅手織毛線連身裙送給涵涵，那是三嫂表姊一針一線親手織成，放在丈夫店裡販售的。隔年，數百公里外某個荒蕪小村，我看到這件粉紅毛線連身裙穿在三嫂大姊娜蒂雅的女兒身上。

還記得那天晚上娜蒂雅熱情地請我和貝桑吃飯，特地煮了一鍋庫斯米，那絕對是我在摩洛哥前前後後這些年吃過最寒酸的一鍋，蔬菜只有紅蘿蔔與白蘿蔔，燉一根雞腿，供我們、娜蒂雅和她四個孩子食用。看到那盤特地煮來待客、唯有紅白蘿蔔當配菜的庫斯米端上來的當下，我有些泫然欲淚，娜蒂雅大兒子吃了一口卻馬上豎起大拇指說：「好吃！媽媽妳真棒！」

為了款待貴客，娜蒂雅特地打掃家裡最大那間房讓貝桑和我有地方安歇，我們卻夜不成眠。這村落不時停水，清理毯子唯一的方式是在陽光下曝晒，毯子長久使用後飄著一股混合多人體味的味道，揮之不去，我們怎樣也無法入睡。我想，那應該就是貧窮在沙漠的味道。

娜蒂雅的丈夫在一百多公里外的穆哈米德部落打工，幫觀光客牽駱駝遊沙漠，賺取極微薄的薪資，以此勉強養活老婆和五個孩子。娜蒂雅說，最小的兒子才一歲，光是尿布錢就讓人吃不消，第三個兒子九歲，兩個月前被蚊子叮咬，患了利什曼病，至今未能就醫，因為爸爸尚未帶工資回來。經濟狀況窘迫至此，無怪乎三嫂想跟我拿舊童衣給娜蒂雅。

我以為自己的安排最符合公平正義原則，以為自己的決定是最好的，自己的堅持絕對是正確且值得堅持的，殊不知這世界的運轉並非依循著我抱持的公平正義，而是某種不為我所知的「平衡」，滋養著整體網絡上的所有生靈。

過了兩天，貝爸來民宿庭院整理他種下的棕櫚樹苗，以無比的愛心。我有些難以想像民宿被夷為平地的光景，因為這空間是有愛的，是能讓人慢慢在此成長並改變的，或許現在只是暫時處於曖昧混亂期，正在清除舊能量，重整，蛻變，走入新階段。

不可思議的是，那天中午，蕊雅再度不請自來，坐在迴廊下差遣二哥長子席德幫忙拿冷凍庫裡的水。我剛好在廚房，席德問我可不可以開冰箱？我點頭，席德一打開，發現裡面只有一罐冷凍水，問我可不可以給蕊雅？我點頭。席德拿了水，我聽到她碎唸不是這個，席德大聲說裡面除了這瓶沒其他的，蕊雅沒多說，走了。

有些人如果聽得懂，就不用吵架了；跟有些人吵架如果管用，就不會歹戲拖棚了。放眼望去，整個家族沒有誰真的是壞人，但就是界線不清又聽不懂人話，最直接的方式就是讓他們無法得逞、無利可得，一切才會中止。

下午，蕊雅再度出現，身邊跟著絲瑪與涵涵，顯然對貝桑的憤怒與拒絕全然無感。蕊雅手上拎了三個五公升的空寶特瓶，在廚房裝滿水，放進我們冰箱的冷凍庫，隨即離去。我覺得怪，忽然想起中午二嫂也來冷凍庫拿了一大瓶水，這才恍然大悟！原來家族把民宿冰箱當自己的，民宿有新買的大冰箱，老宅冰箱過於老舊，跑不動，天氣熱，她們直接把水冰這裡，想要就來拿。

待蕊雅離開，我打開冰箱冷凍庫，真覺這家族實在妙不可言。

之前我對貝桑碎唸家族常來使用民宿大小資源，結果往往演變成吵架，或讓他跟家族鬧不愉快。我決定改以更成熟理性的方式自行處理，像個「大人」一般。

審慎思考後，我將冷凍庫那三大罐共十五公升的水拿出來，明天她們將看到一個空空如也的冷凍庫，無法從我付錢買的冰箱享用冰水。若蕊雅問，我就裝傻、裝死、裝聽不懂，她如果繼續放，我就繼續不動聲色地拿出來。我真的厭倦了這種不斷想占便宜，這種什麼都要用我們的心態與行為。

隔天，蕊雅大搖大擺進民宿要拿冰水，冰箱打開，什麼都沒有。她問我水跑哪兒去了？我笑笑說不知道。蕊雅不死心，又放了好幾瓶水進冷凍庫，再度被我拿了出來。

不一會兒，三嫂跑來，我熱情和善地跟她聊了兩句。她很快切入主題，問我蕊雅放冰箱的水跑哪兒去了。接著二嫂也來問我相同問題，我沉著地以不變應萬變，以最好用的那句：「我毋知，我聽無啦！」蒙混過去。

陪孩子們煮塔吉時，貝媽親自過來，問我水怎麼不見了？我一問三不知，貝桑天真單純，沒想到我嫌疑最大，把冷凍庫碩果僅存的唯一一瓶結冰礦泉水拿出來，問我可不可以給他媽媽？我以無比溫柔順從的姿態，微笑頷首，宛若人世間最賢慧深情的妻子，最孝順得體的媳婦。

相同劇碼連日上演，蕊雅百折不撓天天來。約莫一周後，我和貝桑進城採購，回來時一走進廚房，恰巧聽到來幫忙打掃的男孩站在窗旁，邊和蕊雅說話邊開冰箱拿了瓶冰水，看來肯定又是蕊雅來討冰水。只要給了一瓶，她就天天來討來要！

我二話不說，對男孩直搖手，示意不能給。男孩很為難，還是決定把水給蕊雅。我馬上走過去，氣定神閒拿回水並放入冰箱，親口對蕊雅說：「不好意思，冰水是準備給客人喝的。」

蕊雅滿頭霧水，不知說了什麼，不斷做手勢，示意要我給她水，我笑笑拒絕了。她不肯走，趴在窗口，臉上笑容早就僵掉了，堅持要我給她水。我保持微笑，堅定地告訴她：「冰箱裡的水是給客人喝的，明天這裡有很多客人，我們很忙，很抱歉，無法給你們水。」

接著，我當著蕊雅的面輕輕關上了玻璃窗。她當場氣炸！但如果不把場面搞得這麼難看，根本無法阻止後續無止境的索求。男孩在一旁看傻了眼。

不一會兒，我打開窗戶。

果然，蕊雅和二嫂圍在窗口，一直跟我討水，頗有責怪我的意思。我笑一笑，不給就是不給，對她們說：「不好意思，我聽不懂阿拉伯話。」大姊長子剛好經過，幫蕊雅告訴我，她拿了水之後，會再裝一瓶新的給我。

帶著微笑，我無比堅定地看著他們三人：「明天我們有很重要的客人要來，民宿是工作場域，不是讓你們想拿水就拿水的地方，麻煩你們讓我們安靜工作。」

蕊雅只得放棄，轉身離去。

無盡衝突裡，我向摯友M和盤托出家族種種，尤其是蓋在貝爸土地上的民宿因為緊鄰老宅，家族生活空間與民宿營業空間之間的界線模糊，也難以阻隔眾人前來索討各種好處。雖然貝桑封掉側門後，家族較少來民宿走動，連帶減少了索討頻率，但我總是一見家族的人走進民宿就渾身不自在，無法控制地想著：「現在又來跟我要什麼？」

M說：「物質世界中，一個行為必定有一個相對應的束縛；選擇一個，必定捨棄另一個。將民宿蓋在家族土地上，得到實踐願望的機會，同時也注定承接這個家族和伴侶的共業。明智的人會知道起心動念的是自己，他人是舞台，而非地獄。慶幸妳活在這個時代吧，只要妳的心念是清明的，就能有所選擇。」

她又說：「所謂『給予』並非只是物質上的，無法以人類心智來理解。給予和接受都是雙向且幾近同時發生。世上所有人皆為被給予者，無人是擁有者。是撒哈拉給予機會，是願力給予妳行動。妳在那所造的一切，都建築在綿密的被給予之上。當然，妳也給予，只是當彼此價值觀不同，對方看似索求，然而這索求實質又是另一種給予，給予妳自我體察、學習與成長的機會。臣服其實是無法被學會的，只能是領悟後的自然發生。憤怒能量的正確應用在於採取正確行動來改變現狀，否則只是情緒折磨。只有成為觀察者，才有機會看見，包括看見妳自己。」

我將這些話放在心底，試著跳脫世俗框架，「觀」我身所處的世界。

家族允許我將民宿蓋在貝爸土地上，讓我這遠道而來的異鄉人在沙漠有個立足地，必然對我有所期待，或許也正試探著我願意與能夠給予的底線。外表看似我不斷給出物質資源，然而，同樣因為他們允許我待在這裡，讓我獲得了實踐夢想的可能性與空間。我一個異鄉人能在撒哈拉迅速執行種樹計畫，推動另類旅遊，這當中同樣有家族的參與甚至是包容，是某種形式的「給予」。

貝媽是那當中最特殊的「給予」。我明白她希望我的出現能讓她心愛的家族過上更好的日子，而這當然代表物質條件的提升。她極少開口跟我要什麼，若說真對我有任何形式上的「索求」，那背後的起心動念，更多的是希望提供家族生活所需的資源，是她對家族的愛。在此同時，她也給予了我某種形式的愛與接納，明白我不是他們習以為常的傳統女子，給予我一定程度的自由與尊重，不曾試圖把我變成和她們同個模樣，即便有時我的行為與想法和傳統起扞格，她都不曾說過我什麼，甚至要其他人莫來打擾。

M曾說：「愛與犧牲不必然畫上等號，認同軀體概念（重視血緣、家族、國家、性別……）者更容易被束縛於集體業力中，將愛與犧牲扣連，並以群體意識為依歸。這並不代表個體意識就一定是好的，物質化的個體意識不過是另一種軀體認同，因此我們很容易在群體意識的包裝下，看見既得利益的個體意識。

「每個在物質世界的靈魂，都有不同面向的貪嗔痴慢疑。然而在自己本性上的工作只能由當事人啟動，透過互動及施與受的學習，每個靈魂會逐漸明白，絕大多數時候，人可以被影響，但無法被改變。妳可以關注自己如何影響與被影響，但別人會不會改變，並非是妳所能期望與控制。交託吧，只要能守住妳的初衷與真誠的心，那就是極大的做工了。」

我想著蕊雅，一個天性母愛豐沛卻當不成母親的女人，想著她是那樣擅長打掃與烹飪等家務，從小把貝桑照顧得無微不至，是貝爸最貼心懂事的女兒，是貝媽操持家務最得力的助手，更是家族年幼孩子們最愛的姑姑。或許是在物質極度匱乏的環境度過大半輩子，讓她對食物有著某種執迷，但我明白在她的貪與痴裡，藏著一份對家族源源不絕的愛，驅使她將民宿食物偷渡到老宅，雨露均霑。貝桑的告誡與我的拒絕都無法改變她什麼，我能為自己做的，是當她引發了我內在的嗔怒，仍不忘記我心底那份對人最原初的善意。

而當一隻隻伸向我的索求之手所引發的憤怒焦慮情緒不那樣綑綁我時，我問自己，在這當中還能看見什麼？我在恐懼什麼？抗拒什麼？想改變什麼？為什麼？

回沙漠之於我，不只是一場與相愛之人的婚姻生活，更是志業的實踐。「天堂島嶼」之為民宿空間，是我與貝桑的共同創造，有著我的構思及理想，以及他的勞動付出。

我與他都想藉由民宿得到自己最想要的——之於我，是理想的實踐，是夢想計畫的起點，是去愛人與愛土地；之於他，是一個能讓家族和樂相處、自由玩樂且能讓他從中感受到自己是被愛著的「家」。

然而，家族無法理解我的計畫，罔顧當初對我的承諾，使得將所有積蓄與心血投注其中的我，痛苦不已，感覺自己的處境愈來愈辛苦。

M說：「若妳不執著在某些事，這些辛苦就與妳無關。若妳把民宿及想做的事當成自己的孩子一樣的存在，那麼便是無盡牽掛與無法分開的執著。妳的處境在客觀上的確是困難的，妳若悲傷也是必然的，但所發生的一切並非針對妳，而是這個時空與文化下的人們心理素質所產生的必然。貝桑內在也矛盾，他的情緒與回應同樣並非針對妳，就只是本質上的無能為力。」

我明白M的話是有道理的，在沙漠這個環境、這個時空，不少沙漠中人確實將外國人／觀光客視為最大財源。我數度親眼目睹年輕沙漠男子試圖與外國女性觀光客發展情感關係，以求獲得更多好處，甚至前往海外工作的機會。有些藉由網路結交外國女友，期望獲得更豐沛的資源與發展空間。這樣的關係未必毫無真摯情感，但確實參雜著物質與現實生計的考量。

「別忘了，是妳有能力在黃沙中創造綠洲，是妳帶著愛而來。表面上看，妳似乎被侵占、被奪去了什麼，但這不會真的減損妳，真正的妳。」M提醒。

即便如此，我確實不知如何在家族傳統裡安身，甚至一一實踐夢想計畫，當我依然渴望著為人與土地做事。

M說：「無論妳抱持的天堂島嶼計畫如何，最重要的是不失去真誠對待自己和寬容的能力。世事無常，任何關係都難逃生離死別。我們唯一能做同時也是必須不斷做的，是選擇和確認自己要成為何種內在質地的人。有天妳會明白，將沙漠蛻變為綠洲，其實是為心做工，而非為土地。並非只靠妳工作，而是神的意願。」

我想著所有想在沙漠推動的志業，民宿原本可以是夢想基地，但若家族成員干擾不斷，這場計畫不會有實踐的可能。極為沉重的無力感壓在胸口，我感到悲傷，卻也意識到自己的妄自尊大，竟以為憑一己之力就能改變沙漠。是啊，我的確是該在人心上做工，土地擁有豐沛強大的自我療癒力，只要人心改變，將愛護自然、尊敬自然的意識放入心裡，隨之而來的行動必然會減少對土地的傷害，土地自然會好起來。

M又說：「妳需學會如何照顧並保護好自己的身心，祈禱，聆聽也學習交託。許多事，非妳一己之力所能改變，但活得清明且有智慧地給予並分享，則是妳的責任。請溫柔照顧自己。神聖的計畫總是縝密而且遠超過我們這些小靈魂可以想像，因祂成就的是萬事萬物。有時我們必須等等其他夥伴。有時，其他夥伴幫助了我們擴展各方面的可能性。

「更值得關注的是『關係』。回歸妳進入一個家庭，愛與被愛的本質。若沒有這些計畫與資源，妳會如何在那裡生活？別讓計畫理所當然地設定妳的認知和關係。回到本質吧，如果沒有計畫，妳是否還能愛他們，並真實地愛著自己？現階段先把關注拉回自己身上，關係的本質遠比夢想計畫更重要。

「要明白，在物質世界中，無條件的愛是很困難的。人們對愛也有混淆的認知，所以探索自己對愛的定義和認知是重要的。在還不明白真正的愛時，明晰自己的『動機／出發點』，有助於誠實地了解自己。是妳選擇了這個時空、文化和條件，這裡的集體意識與現實必然讓妳在一定程度上不得不讓步，然而，妳依然可以選擇留下或離開。回歸自己的心與關係本質，若妳是痛苦的，這樣的能量能幫助計畫如願成功嗎？」

一番話聽得我心裡一陣酸楚苦澀，尤其當我愈來愈意識到憤怒悲傷逐漸取代了當初的喜悅自信時，我無法想像怎麼有可能帶著負面能量，在環境艱困的沙漠裡走出一條屬於自己的活路？

M說：「若一個人的理想需要他人參與才能實現，那麼參與其中者，必須有著相同想法，事情才能有所為，否則便會陷入二元對立，不斷拉扯。地球的美不是只屬於特定地方，妳嚮往的，也不是只有一種完成方式。若努力卻依然抓不住什麼，何不去體驗那放開手後會擁有的。妳本來就是自由的，是欲望和不甘心讓妳寸步難行。

「只要妳有行動的欲望，為了滿足這欲望，必然產生束縛。無論如何都要知道自己有其他選擇。人是不可能不行動的，然而若是只為自己的喜好而行動，束縛將永遠相伴。『大愛』並非只是愛人與土地，一切都是妳跟神的關係。」

這番話引起我非常大的痛苦與迷惘，只覺自己的靈魂像被放在炙熱火紅的煤炭上凌遲，卻又似清泉，減輕了因渴望智慧之語而來的疼痛，我的心知道M是對的，雖然我不知道屬於我的答案是什麼。

我帶著愛歸來，首先失去的卻是我心中對人的愛，無法在與家族的互動中感受到被愛。無論是推動天堂島嶼計畫或導覽，若無貝桑與家族協助，我將孤掌難鳴，而且確實是我的理想、行動與欲望成了此時的束縛，難以全然擺脫家族影響。

貝桑與家族高度認同由血脈相連這張網絡所串起的每一個人，沒有人願意或能夠離開網絡，成為獨立個體，為家族而犧牲個人不過天經地義，我高度個人化的理想計畫，幾乎可說站在家族血親共存傳統的對立面。

無條件的愛的確近乎不可求。若要家族對我產生一絲一毫接近「愛」的情感，前提必然是我能滿足他們的期望與需求，就像他們之於我一般。若非懷抱在撒哈拉實踐夢想計畫的渴望，我恐怕早已遠離貝桑家族，那麼，我是不是同樣將他們「工具化」了呢？在我與家族的相處之中，是否帶著過多的「目的性」呢？是啊，在我心中，同樣沒有

「純粹的愛」，而是交換與不說的索求。

我向來為實踐夢想而活，貝都因傳統文化的核心價值之一卻是家族命脈延續，我們各自懷抱夢想卻被拉在一塊兒生活，對彼此都是為難，衝突、對立與權力的爭奪自是必然。那麼，我帶著愛所啟動的夢想計畫，還能有多少愛？如果放掉足以令我的靈魂為之燃燒的所有夢想，我這個人還剩什麼？還能去哪兒？

我深知地球的美不只沙漠，是我眷戀太深。那色調幻化不停的沙丘、那遼闊無盡的天地與全然寂靜的星空，我依然只想成為撒哈拉懷裡的一棵棕櫚樹。雖說世間有為法不過夢幻泡影，但我確實過度著迷於撒哈拉瑰麗絢爛的「相」，不願離開。

「活得清明且有智慧地給予」遠比習慣性緊抓著什麼、想控制什麼，都難，但唯有如此，我才能放過自己、放過他人，讓生命持續前進。

我不知道神究竟安排了什麼樣的神聖計畫，但肯定比我能想像的還要全面、完善，且美好。

我知我所嚮往的，不會只有一種完成方式，若我能讓愛回到心中，在行動中依然帶著愛，或許能找到更適合的「形式」來實踐夢想。

而一點一滴放掉舊有執著後，或許我將慢慢看見「其他選擇」，更明白何謂「大愛」以及我與神的關係，讓靈魂終得自由。

么兒

貝桑身為家族老么，這輩子習慣了被忽略，習慣自己的想法、感受與意見不受重視，上頭五個哥哥的權力永遠比他大，彷彿年幼弟弟手上的玩具、嘴裡的食物，做為兄長的，基於好玩、捉弄或想要，眾目睽睽下，都可以不加思索地伸手搶走，家裡從來不會有任何人挺身捍衛弱小。

尊重、聆聽與看見是對一個孩子很基本的愛，但貝桑在成長過程中，得到的完全不夠。我一次次看到他一再典當自己以滿足家族所需，又是如何以仰角望著兄長父執輩、如何向家族苦苦乞討一份愛與肯定。

與此同時，面對家族所有人，在龐大、沉默、僵固、保守、只顧自身生存的貝都因傳統前；直面那隱微晦暗，蒙昧無明中無盡流動的人性欲望，身為異族，我很清楚從來沒有誰真的站在我這邊，卻萬萬想不到如此快便親身體驗在父權至上的傳統裡，一個女性如何被視為無物地對待。

二〇一五年初夏，我們剛辦好結婚登記，貝桑心血來潮，突然提議宰羊宴請家族男性尊長。我雖不理解原因，基於對貝都因傳統的尊重，任由他去。

宴客那天，我向大哥買了一頭羊，請他在民宿大門口宰殺妥當，家族女性分別將羊肉烹調成烤肉串與塔吉等，男性尊長在民宿用餐，女性則在家族老宅共享美食。那晚，我見著了陸續進入民宿沙龍的陌生男性親友，他們當然知道我是誰，卻對我視若無睹，兀自擺著權威臉孔，一陣熱鬧吃喝與閒聊後逕自離去。

正常來說，一場貝都因傳統婚宴中，賓客到場後，首先向男女雙方家長表達祝賀之情，男性賓客雖然未必親自向新娘本人致意，但絕對會向新娘的男性家長祝賀。貝都因傳統相當父權，男尊女卑，除了母親，女性在家裡並無話語權，而在婚喪喜慶等大小場合中，男性家長尤其受到重視與尊敬，女性即使年長、富裕或兒孫滿堂，都不會是一場聚會的主要關注對象。

或許因我隻身一人，無「家長」，外加文化與性別的隔閡，幾乎被視為隱形人，我也因此絲毫感受不到賓客們對婚禮的祝福。

但貝桑在廚房忙得可起勁！上菜、奉茶、清理桌面，完全處於服務狀態，簡直把家族尊長當成付費的觀光客伺候，而不像個陪同賓客享用餐點的主人。

待眾人離去，貝桑開心地說：「今晚大家吃得很滿意，全說我們民宿很漂亮，沒見過這麼舒適好看的沙龍，大家都說我們很厲害！」

一如貝桑強迫我讓出摩托車，是善良地體諒五哥的貧困，希望自己能給兄長一些什麼，好從中換取愛與家族認同，以肯定其存在價值。我很清楚，有能力宴請家族長老，對他這最不受重視的老么來說是一場多麼不得了的肯定，彷彿需要這些享有權利者的認可，貝桑才能感受到自己的價值。

一旦辦妥結婚登記，舉行婚宴成了必然。

某天，我聽見貝桑和哥哥們熱絡討論，「婚宴」一字不時出現，好奇問他們談什麼？當下一聽，簡直不敢相信自己的耳朵！四哥因為家裡沒錢辦婚宴，早就老大不小了卻依然單身，家族提議讓我、貝桑與四哥跟他老婆一起辦婚宴，如此便也解決了四哥的婚事。

我一聽，怒不可抑！這麼重大的事竟然沒人想跟我商量，若不是主動詢問，真不知將被蒙在鼓裡到什麼時候。想當然耳，整場婚宴我將是唯一付費者。貝桑家裡窮，我本就不奢望他們支付什麼，但由我獨資的婚宴為何還得讓四哥搭順風車？

婚宴的意義若是為了向龐大複雜的貝都因親族宣告這場異國婚姻，把我介紹給親族，同時辦兩場婚禮豈非模糊焦點？況且我隻身在此，不太可能有親戚朋友特地從台灣前來，四哥的妻子卻只會是貝都因族內女子，屆時肯定一堆親友前來參加。相較於我的形單影隻，整場婚宴恐怕會演變成四哥與妻子的婚禮，我與貝桑將完全被冷落、被遺忘，成為配角。這些人究竟把我當什麼？付款機器嗎！

我按捺住心裡的憤怒，冷靜堅定地說：「我這輩子只結這次婚，我不接受我們和四哥同時辦婚禮。」

男人們當場愣住，沒說話。

過幾天，他們依然繼續討論著合辦婚宴的可能性，我再度否決。又過了幾天，他們還是討論著合辦婚宴的事，並對我說伊斯蘭傳統接受這樣的做法，對貧困家庭尤其方便。這些傳統大男人根本是選擇性耳聾，聽不見女人的否決與抗議。

幾經無數次和顏悅色地拒絕，我失去了耐心，冷酷嚴厲地對所有人宣告：「如果你們要在一場婚宴中處理兩對新人的婚姻，我沒意見，儘管去辦，但那天我絕對不會出現，而且一毛錢都不付！」這才終於逼使他們放棄了合辦婚宴的念頭，貝媽和四哥失望極了。

這下子，家族不再關心貝桑和我何時舉辦婚宴了。我無所謂，我的人生不需要一場貝都因傳統婚禮成就什麼，貝桑卻真真實實傷透了心，彷彿完全沒人在乎他的人生大事，更不用說掏錢分攤婚宴支出。

不久後，我們得知貝媽迫不及待幫四哥談妥了婚事，買了戒指、項鍊與衣服等禮物，熱熱鬧鬧去女方家提親。同樣是「兒子的老婆」，差別待遇如此巨大，這讓我憤怒，讓貝桑傷心。無論我為家族付出多少，永遠是外人、是異族。

多少人終其一生都在尋求父母的愛與肯定，一個從小被愛得不夠、不被聆聽也不夠被尊重的孩子，長大後極可能尋不著自己的核心，隨風飄搖，習慣性以仰角望著權力、勢力、位階較高者，渴望著愛與尊重，試圖在一次次「被看見」裡，笨拙地描繪已扭曲的自身影像，卻看不見決定自己是誰的力量就在手中。

貝桑之為老么，雖與母親情感緊密，得到的愛、關注、尊重、決定權與資源卻少得可憐。

民宿正式起造初期最最辛苦難熬，家族卻袖手旁觀，連一聲問候都沒有，讓單打獨鬥的貝桑非常傷心。

工程進行期間，我好幾次問貝桑能否請家族幫些小忙？對他們來說負擔不大，我們卻可以輕鬆許多，貝桑總囁嚅「他們不會管我們的」或「我爸爸會跟妳要很多錢」。

慢慢地我才明白，之為老么，在家族中不享權利、沒有資源、凡事沒說話的份兒，任何好處都輪不到貝桑。若非遇到我，凡事都可自己搞定還帶著他往前衝，以家族的資源分配模式，真不知何時才輪到他成家立業。

所有兄弟中，除去長子大哥，最得貝爸疼愛的應該是三哥。幾年前為了讓三哥在梅如卡最熱鬧那條街開一家觀光用品店，貝爸賣了好幾頭羊與駱駝；三哥結婚時，兄弟掏出工作所得，貝爸賣羊賣駱駝，湊錢辦了一場盛大婚禮，甚至宰了一頭牛宴客，讓家族至今回味無窮！爾後貝爸更給了三哥一大塊地讓他蓋房子。

相對地，無論我已經給了家族多少資源，也努力創造工作機會，等後來我們終於舉辦正式婚宴，家族一毛錢都沒出，但羊棚裡可不是空的。沒有人想到可以送我們一頭羊宴客，是我請堂哥卜拉辛在市集買羊，請人宰殺，扣除宴客所需，將剩下的羊肉送給家族食用。

所有人都知道貝桑口袋空空，依然將家族帳單交給他，希望利用我和他的關係，減輕經濟負擔。貝桑是媽媽最常伸手要錢的兒子之一，因為他心腸最軟，最好說話。

某天上午我們進城採買建材，貝媽跑來說了些話，貝桑極度不悅地回吼。傍晚我們一回家，貝媽馬上跑來，不知說了什麼，兩人吵了起來。貝桑翻出只有銅幣的錢包，粗魯地在貝媽面前搖晃，接著將錢包丟出門外，跌坐牆角抱頭痛哭。貝媽朝我扁扁嘴，失望地轉身離去。

好一會兒，貝桑才說，貝媽一早知道我們要進城，要他買食物回家，家裡冰箱已經空了。他跟媽媽說沒錢，要她去找其他哥哥，可她不管。晚上我們一回來，貝媽發現根本沒買食物便責怪他，讓他氣得掏出空空如也的錢包說：「妳沒看見嗎？我們在蓋民宿，我沒有時間出去賺錢給妳！我一毛錢都沒有！有錢的是我老婆，我不想一直拿她的錢幫妳買菜！」

貝桑每次跟我借錢，心裡都很痛苦，那是貧窮的無奈，那是兒子必須壓榨自己想方設法孝敬雙親的苦痛。明知他不可能還錢，每一次我都「借」他，畢竟民宿工程正在進行，他無暇打工掙錢給家裡，我不得不體諒他的艱難處境。

一次又一次的尷尬開口，讓我看到了貝桑多麼渴望為家族所愛。

強烈夜風中，躺在星空下的庭院，我不斷思考著，一件又一件索討裡頭，「家族之愛」究竟何在？

種種家族互動中，我時常發現自己看到的不全然是「愛」，更多的是「愛的缺席」與「內在匱乏」。

「愛」是很少見的品質。在這物質世界，真正「無條件的愛」幾乎不可求，我們總試圖在對方身上尋找某種滿足，唯有當對方某程度符合自己的期許，才有「愛的感覺」。

血緣看似一條線，將一個個「人」串成「家族」，事實上，將所有人聚在一起、綁在一起的，是對「被愛」的渴望與實質的經濟需求。凡人多半如此，絕非身旁這貝都因家族獨有。

人莫不只看著自己，看著自己的需求與想望，活在一己想像與感受中的那個世界，而另一個人的存在是否有其意義，取決於這人能滿足自己多少需求，若無，便讓此人於一己所見世界徹底消失。

掌有資源的父兄不見較年幼者因資源匱乏而難以成家，多年問題橫在眼前而無人付諸行動解決，孩子的出生只為符合傳統價值裡的生命延續，得到父母關注的多寡取決於他符合了多少期待。

我卻深深相信，唯有內在成熟圓滿且能真誠地愛真實不虛的自己，不需要向他人索取愛來填滿內在空虛匱乏的人，才有可能給出愛，否則只是一場場交易與交換罷了。

M說：「還記得之前也曾請妳重新認知什麼是愛。人對喜歡的，都容易有自以為的愛。但在物質世界中，愛本來就有條件，愛的感受會隨著互動而變動。妳可以是脆弱的，況且人類本來就是脆弱的。家族和人際關係是巨大的網，整個世界都是。」

我說：「我很難帶著愛，心甘情願提供機會給我討厭的人。」

M說：「還做不到之前，沒什麼好勉強，可以先做別的。這些看似和金錢與物質相關，其實是愛的匱乏，因而失去了人性。」

談到貝桑情緒陰晴不定，狀況時好時壞，我不知該如何是好，M說：「妳應知他不是理性思考的人，他很簡單，只想過著遵循家族傳統的簡單日子，這是他們的集體意識。若妳是被安排嫁給他的貝都因女子，和他與家族的互動又將如何呢？貝桑沒有太多自我思想概念，會逐漸希望妳被同化，目前他就是順從傳統文化習慣的家族男人，家族型的男人大多有此傾向。」

的確，來自貝桑與家族的壓力愈來愈大，貝都因傳統對女性的期許、限制與壓迫也讓我愈來愈難忍受，抗議又無效，不時怒火中燒。

M說：「那是文化習慣呀，他沒有長出能獨立的中軸。然而，妳也不需要太失望或覺得他軟弱，因為他只是那地方的一個縮影。唯有隨著真正的神意識開展，才有可能不同。在此之前，只能認識自己的有限性，也認清處境。

「婚姻本來就不容易，總會不斷地對伴侶產生期待和失望，將自己的願望投射到對方身上。所以要常想著對方的生命歷程與故事，不是強迫自己去愛，就只是理解，他與妳同樣是受條件限制的靈魂，甚至更受制約。願意理解，也是愛的一個開始。即便無法接受，至少不去攻擊或有太多責難。

「也請記得，不要被自己的欲望綑綁，沒有什麼比真實快樂地活著更重要，否則所謂的理想只會變成枷鎖。要想著他的生命歷程。是妳選擇了他，他會幫助妳減去不必要的驕傲，當然他也有必須成長的歷程。婚姻是需要智慧的，男人需要面子，家庭需要經濟與權力的展現。但若不是妳因為理想與需求而堅持，他能強求和妳在一起嗎？現在的妳不一定是全部的妳，也不一定是真實的妳，透過婚姻，會成長出更成熟與完整的妳。

人際關係本來就是地表上最難的功課。」

M的話就像混濁吵雜塵世裡朝我襲來的一股清涼微風，讓我稍稍不那麼灰頭土臉一點點，願意慢慢放下對貝桑的指責，去看見他的痛苦、他的欲求與他的限制，同時思考自己身上的種種枷鎖。

我與貝桑雖因一份單純原初的愛而走入婚姻，婚後卻爭吵不休，話語權與決定權的爭奪成了生活日常。我數度與家族男性成員正面衝突，違背貝都因傳統良善風俗；我堅持建造符合綠建築概念的民宿，為了自我理想投入沙漠種樹並推動生態旅遊，貝桑其實是被拉著走……這些都讓他在龐大家族面前抬不起頭。

我因貝桑而有所接觸的數個貝都因家庭同質性極高，共享同一套傳統、文化、價值觀與生活模式，我對於自由與尊重的需求，無法為他們理解。畢竟在著重集體共存的傳統家族生活裡，雖有個人自由與對女性的尊重。換言之，我其實是不自覺地向他們索求連他們自己都沒有之物。

但我同樣不可能成為一個我不是的人，無法活得更貝都因。

我想起我的驕傲——最終逼使我放棄舞蹈，倉皇逃離台灣的原因之一，想著我對沙漠的夢想計畫裡，究竟隱藏著多少不說的傲慢驕矜？我愛的究竟是人、是土地，或只是我與我自以為是的理想？如果放下這些，沒有淑世熱情也沒有高遠理想，我還可以是誰？

M那句「現在的妳不一定是全部的妳，也不一定是真實的妳」引起了我強烈的渴望，似乎喚醒一個古老記憶、一個被我遺忘已久的過往，我對那個還不認識的自己感到好奇，想與那個更真實的自己重逢。或許，婚姻是抵達那兒的路徑。

之前我與四哥大吵那次，整場決裂就在貝桑眼前發生，他從頭到尾不發一語，對家族之愛與被認同的渴望蒙蔽了他的眼，看不見四哥想獨占民宿的心。

那天近午夜，我們走向三哥與堂哥在村子中心的店鋪，關心他們的生意狀況，兩人都說沙浴季外地攤販太多，搶走不少生意，收入不如預期。

三哥牽著腳踏車陪我們走回民宿，問起若四哥將服務客人騎駱駝的收入繳交部分給我們，是不是就願意讓他帶客人進來？——這是貝桑的渴望，希望兄弟一起做事。我馬上一條條算給他們聽，照這方案，肯定是我們做白工。貝桑和三哥都點頭。

我說自己真的很累了，身心俱疲，不斷工作、不斷爭吵、不斷為一切付費。

貝桑一聽，開始數落我的不是，罵我不應該頂嘴，一一翻舊帳，還說換成別的女人早被他趕出家門。我忍住不反駁，知道貝桑需要建立男性尊嚴，但要我硬生生吞下這一切，我感到自己有了很深很深的內傷。

夜裡，貝桑像個孩子般睡著了，我一個人戴起耳機，在民宿門外聽了很久很久的〈金剛經〉，默默掉了很多很多眼淚。想著焦灼大地、枯竭的良田、消失的湖泊與孩子無光的眼神，想著四哥如野獸般地欺壓，永遠只想從我身上榨取更多金錢，想著答應還車卻不見蹤影的五哥，想著當我忙於抵擋家族伸來的一隻隻索求的手，貝桑永遠急著捍衛家族傳統與價值。

所有人不斷地向我索討物質資源，不僅家族不懂「婉拒」二字，四哥的貪婪更是隱微細密、無處不在且毫不留情，不時踩到我的底線。五哥死皮賴臉加上家族共識，成功侵占摩托車，但也徹底失去了我對他的尊敬與善意，我從此對他不聞不問，不曾主動提出任何協助。

「餓鬼道」，想起沙漠某些人貪婪無明的面孔，我心中浮現如是字句。

M曾說：「物質世界裡的靈魂普遍因激情和愚昧，有了控制物質的傾向，進而侵占和掠奪。改變世界並不重要，那是神的計畫。每個人最大的努力應是工作自己的意識。人受了激情及愚昧影響，有了欲望，是而產生紛爭，唯有真正的良善才能保護靈魂行走物質界而不致墮落，唯有內在之路可以讓人得到救贖。有時外顯行為與表象看似要改變世界，然那也只是水到渠成後的結果，而非初衷。事實上，只想改變外在的景況，終將功虧一簣。只要能守住妳的初衷與真誠的心，那就是極大的做工了。」

四哥的貪婪裡有著對物質滿滿的激情、對局勢及親人的強烈掌控慾，甚而試圖將民宿占為己有。我看著那份貪婪裡的蒙昧無明，想著自己同樣為理想所驅使，甚至想改變沙漠人文與觀光業的什麼，是否也是一種愚昧傲慢？

思索至此，一股苦澀悲傷湧了上來，我竟對自己當初的選擇感到無能為力，卻又萌生一股釋然與輕鬆。當我終於意識到自己竟想扮演神的角色，終於願意慢慢放下改變世界的意圖，將注意力拉回自己的心，腦中的紛擾喧囂便也逐漸失去了威力，我也才聽見了屬於我的那份寂靜，如如不動地在那裡。

貪婪與索求的背後是內在匱乏，驅使人做出種種掠奪與侵占。

若我一如四哥，出生在物資匱乏且只能仰賴觀光業維生的貧困遊牧家庭，是否依然能是個善良的人？

當我因他人貪婪與掠奪而一再被引動內底的嗔怒之火，又如何能行走物質界而不至於墮落？

守住心底那份初衷與真誠，才是我最該做的。

深夜的沙漠，好冷好冷，我一個人在黑暗中想了很久，想著未來該怎麼走。M許久前跟我說的話浮現腦海：「在困頓時整理自己的想法，了解自己真實渴望、資源與客觀環境的狀態。對抗最費力與耗能，一個外來者，又是在對抗什麼呢？」

是啊，我一個人在這裡，奮力抵抗無法區分民宿之為營業場所而非家族私有空間的貝都因傳統，抵抗想獨占民宿的四哥與默不作聲的所有人。我突然明白，這是一場注定失敗的戰役，我一個人打不過這龐大家族共享的悠遠傳統，無關是非，而是人就是如此受限於傳統，若沒有外來力量的威脅或撼動，沒有人想要改變，也不需要改變。

我看見了殘酷的現實，如此赤裸、尖銳，難以被撼動。我走到了窮途末路、彈盡援絕之處，再也看不到希望與解方。

突然間，我毫無困難地接受了這個事實，接受自己已然身處絕境，不批判，不抵抗。

看著在黑暗中睡得極不安穩的貝桑，我看見了他的痛苦。一個單純、善良、真摯、深情，只想過「簡單日子」且非常孩子氣的男人，夾在我與龐大家族傳統之間，一整年不曾止息的衝突與戰鬥，我們都已傷痕累累。

「不符合預期與始料未及的事件及狀況所帶來的感受，尤其是悲傷，用意不在於讓我們只是感受陷落、沮喪或悲慘。請讓情緒成為引路明燈與自我覺察的線索。」M提醒過我。

「未來不一定可知，然而我們也不需要如此不知所措。從已然發生的過去汲取教導，往內在傾聽。什麼是妳真正渴望且不需依附他人就能帶來改變與選擇的？有意識地回應來到周邊的人事物。從那本是難以避免的，看見自己的習性，以及神的美意。妳與貝桑同樣困在形式中。不是只有妳在面對和努力，妳會因為了解妳和他各自的受困情緒，從而釋放執著並感受寬諒。」

我說我知道貝桑同樣在受苦，M說：「他跟沙漠很像，隨風吹而變動，又像動物般單純。他的世界，他想要的，一向都比妳簡單。在關係中，尤其是伴侶關係，要跟心說話，不是跟腦和事件說話。受傷的是他以為的男性價值觀。他未必討厭妳，只是妳變成標靶。他某種程度的投射。」

我無法回答M曾問過我的「如果完全沒有這些，如何安頓身心」。

M說：「最難的，是最基本的，同時也是最接近實相的。返本全真，在任何處境下，都能接納自己，認出自己真正所是的，而非不斷變動的身分、角色、情緒、關係、認同與欲望。我們每一個人都很獨特，也很珍貴。但把自己想得太特別，向外求取愛的證明，就為了當個特例，這樣的行為是愚蠢的，是對另一個人自私嚴苛的要求。一旦看見了，便不去助長這樣的狀態，看見自己同樣也是有制約、有條件地愛著別人。我們是自己世界的中心，但世界的中心不是我們。」

我看見自己心裡的糾葛、傷害與憤怒，自問，如果連一份被理解而來的安慰都不需要向他索討，將如何？

突然，一個我也說不上來的什麼就這樣鬆開了。我不再暗自「索愛」，接受貝桑如同我，都盡了力，都有自己的局限與渴望，都有自己的底線、努力與無能為力。我不再責怪貝桑做不到我認為他應該做的那些，明白他對我的無法理解就像我不理解他一樣，然後，一些原先緊緊綁著我的心的糾結，就這樣掉落了。

我甚至發現，自己之前所堅持的、奮力捍衛的，例如民宿空間完整性與經營方向，其實都不是最重要的，因為做事的人是我，這個空間應該是推動計畫的基地，而不是困住我的牢籠。

初夏時，M曾問我：「愛人並不容易，因為每一個人心裡都有能否去愛另一個人的條件，也都有被形塑的部分，但這部分與真神無關。在這樣的人治環境下，妳所選擇的和堅持的，不容易被理解與接納，那麼妳的愛還在嗎？妳在那裡真正要做的，還能繼續嗎？」

在那個當下，我完全不敢回答，此時的我卻能很肯定地說：「是的，把我丟去其他地方，我還是會做當初想做的事，因為我就是這樣的人，某些東西就是在血液裡。」

天亮了，我在偌大沙龍內，在這個當初期望可以為遊牧民族辦課程、為旅客辦工作坊的空間內，一個人掉了很多很多眼淚。我的起心動念不曾稍改，卻離夢想好遠好遠。

M曾說我對沙漠許了個「大願」，駑鈍的我，直到此刻才明白自己的心願多麼難以實現。孤立無援的感受愈來愈強烈，只覺自己被家族日夜壓榨，慢慢被磨掉了前進的熱情與動力，徒增迷惘。

M說：「他們（家族）是妳內在靈性成熟的同工，卻非外在志向的幫手。某種寂寞會在妳內心滋長。請記得，人給的愛會缺席，神卻一直看顧著妳。」

我拿出MP3，接上喇叭，播放我的「靈魂之歌」。那是一首埃及老蘇菲的吟唱，激狂曲調是以血以肉燃燒生命的熱能，悠揚笛音如輕撫棕櫚樹梢的風，念珠敲打玻璃杯的聲響是綠洲甘泉，涓涓滴入我焦灼混亂的心。

我閉上眼，跟著老蘇菲的聲音走，返回我來自的那方，一個狂喜與悲痛再無區隔的宇宙，讓老蘇菲的一呼一吸成為我的氣息。微帶粗糙顆粒的笛聲宛若從沙丘席捲而來的風，時而來勢洶洶，忽地又在荒漠隱去。終究，老蘇菲反覆唱誦起阿拉的名，我的宇宙隨之天旋地轉，除了真主的名，什麼都不留。

許久許久，一個說不上來的什麼，打開了我的心，整體存在僅一意念：「我要往前走，帶著愛。」

很多衝突無法單純以是非善惡來論斷，更多的是文化差異，我對家族的無法理解，就像他們覺得我怪。雖然我很努力，也一直在調適、學習，付出許多也受傷很多，但從不覺得自己是任何形式的「受害者」，反而真心覺得從他人身上獲得許多。

不管身邊發生多少事，我獨自承受了什麼，在那淚水落個不停的當下，我心裡反而愈來愈感謝這一切的發生，感謝身邊每個讓我得以體驗所有的人，不管未來走向哪裡，都希望對彼此帶著祝福，不對立，不糾纏。

不一會兒，貝桑起床，相當懊惱前一晚的爭吵讓他說了很多很傷人的話。他不知道怎麼面對我，先在院子裡抽菸，又去老宅吃早餐，然後跑回院子繼續抽菸。期間家族小孩一個個跑來找我玩，圍在我身邊鬧笑不停，一直要變把戲給我看。

後來家族小孩一個個玩夠了，回了家，貝桑才試探性地來跟我說話，先問我今天要不要去看景點，接著又不知所云地說些虛無飄渺的事情。

貝桑在表達方面有障礙，無法用言語說出自己的想法，我必須停止慣常的回應方式，專注地聆聽他繞來纏去又常指責我的言語裡，到底藏著什麼意思。

我們很平靜地談了好一會兒，或許是夜裡真正深刻感受到了什麼叫「絕境」，也不抗拒，某些堅持、恐懼與綑綁就這樣忽地掉落了，我較能看見並接受貝桑的狀態，接受他的「無能為力」，以及他已經做了的努力。

經過這場風波衝突與「試著安住於絕境」，突然有著新的什麼，於我內底轉換了。

M提醒過我：「貝桑質樸，然而此生環境形塑出的他，未能發展太多工作自己的能力。就算在台灣，妳想走的路也不是一般男人和家庭可以支持與理解的。婚姻很像共舞，最基本的兩人步伐不協調，不住踩腳和碰撞又停不下來，那就跟扭打很像了。每個人都有自己的感受和觀點，以及連帶引發的身心狀態。大部分婚姻的難題都在於雙方志不同道不合，卻又無法相互理解。妳並不是非得了解他不可，不過不清淨的心只會評判和攻擊一切。即便外在世界都認同妳是對的，認為妳受了委屈，也無法止息妳心中的苦痛，因妳仍執拗其中而自苦。」

就像M說的，貝桑情感豐沛，將家族責任視為自身存在價值，對我雖有愛，在「家族一體」的傳統價值觀下，只能將來自家族的期許與責任轉嫁到我身上，現實狀況更讓他根本沒有後路，不是他不愛我或想犧牲我，而是沒有足夠的能力與清明意識，只能扮

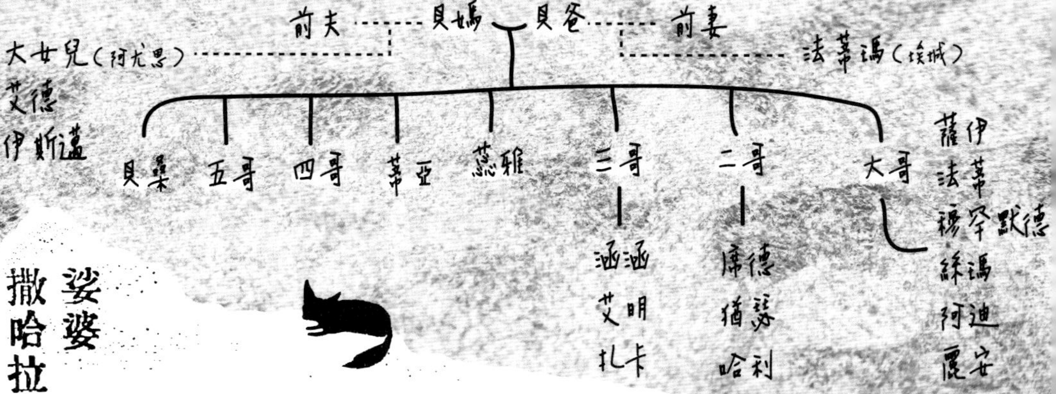
前夫
貝媽
貝爸
前妻
大女兒（阿尤思）
艾德
伊斯邁
法蒂瑪（埃城）
貝桑
五哥
四哥
蒂亞
蕊雅
三哥
二哥
大哥
涵涵
艾明
扎卡
席德
猶瑟
哈利
薩伊
法蒂
穆罕默德
絲瑪
阿迪
麗安
婆婆
撒哈拉

演受害者。

M也提醒我一定要讓貝桑自己做選擇，不然我和他都會變成受害者。貝桑離不開沙漠，如果不是因為考量到我，他根本不會做出其他選擇。

她說：「如果只有索取、給予、不給予，永遠就只會是繞圈子，沒完沒了。妳、妳先生和所有的人，都會覺得自己是受害者，或者無意識地扮演受害者角色。在台灣，或許妳非常幸福，一直被家人照顧著，他們允許了妳的個體性。後來妳的人生有了一個願望，想為另一個地方的人和土地做事，並選擇以婚姻的方式留下來。於是，新的學習和擴展開始了，那是一種不斷呼應的生命之流，平衡著個體性與集體性。個體性發展不健康時，過度自我，於是會看到一個又一個不同的自我相互競爭。集體性發展不健康時，則是內耗的互相依附。

「一切事件都是在那片土地工作的一部分。而妳，仍然擁有選擇如何回應的自由。他人雖不是妳的責任，卻可以協助妳負起自己的責任。傳統的愛總以責任落實，因那是生命延續的基礎。索取不是妳最大的敵人，想想，妳最害怕的是什麼，那才是。我的愛陪伴著妳，穿過時間與空間，消弭藩籬，融合每一顆心，只要妳不放棄去明白、去實踐愛的真義。」

慢慢地，我試著在憤怒中，將貝桑放到貝都因傳統家族文化來理解，甚至接納，以他如實的樣子，而非責怪他不是我期望中的那個人。

貝桑本來單純地活在家族氛圍裡，我帶來的機會、衝擊與挑戰讓他一時半刻承受不住，無力與我共同完成我的夢想。然而，貝桑的存在本來就不為我服務，我必須尊重他的意願與他的真實狀態。也恰恰是如此未盡如人意的環境，逼使我不得不試著拓展其他能力，例如包容與理解，例如沉默與聆聽。

爾後，我痛定思痛地將關注拉到我自己身上，專心在自己身上做工，畢竟我的失望源自對他有所期望（無論是否自覺），而一旦不再期望什麼，反而能從絕望中，慢慢產生淡然處之的寧靜力量。

「若過度認同自己現在所是的性格，便會減少成長的可能。重複同樣的事卻期待有不同結果，是種精神病。神總會給妳不同的選擇，只是人類熱愛矛盾與膠著，連帶創造挫折和疲乏。請記得，永遠選擇有神的那個選項，至少最終會有內在的心安。先活出快樂的生活吧，這是妳當下最重要的創造。」—M這樣說。

我改變不了任何人，但至少可以調整自己，試著創造屬於自己的快樂，滿足自己的需求，因為我對自己有責任，如此也是將自身生活決定權拿回自己的手上。

在死亡面前

每一個在不起波瀾中流逝的平靜日子，莫不是撿來的幸福。

家族常因土地使用相關事務爭吵不休，大哥與二哥兩家屋宅邊界畫分因缺乏共識，日日起衝突。

某日清晨，老宅又傳來激烈爭吵，有男人破口大罵的聲音，有人摔東西，還有女人們的勸架聲，爭吵持續了非常久。「四哥說我出現前全家和樂，不曾吵架，是我為家族帶來了紛爭，根本亂說。」我心想。

小心翼翼打開側門探頭一看，原來是堪稱好好先生的貝爸再也受不了二哥一家五口賴在家裡，共食共住共享，自己的房子蓋好了卻拿來出租，將賺來的錢繼續擴建小屋，老婆小孩和他自己依然與家族同住，理所當然地將生活支出全賴給兄弟們，一毛不拔，甚至直接從老宅接水電過去，租金收得不亦樂乎，水電費全數賴給家裡，兄弟往往得跟他大吵，他才肯付些零頭。

貝爸早想把二哥一家趕出去，讓他知道這些年全家族為他們一家五口付出了多少，向來是貝媽不願意，捨不得媳婦（二嫂是貝媽親哥哥的女兒）受苦，要大夥兒看在三個孫子份上，忍一忍。

充滿愛的貝媽對孩子和孫子無限疼愛到了堪稱母愛氾濫的地步。我雖然明白老人家的心情，且二哥么兒哈利和她最親，她捨不得孫子受苦，但正因為這顆慈母心無限制地要求所有人忍讓，二哥才能蠻橫無恥至今。

每逢宰牲節，成家立業的男子都應宰一頭羊，唯有二哥既不買羊也不宰羊，一家五口全吃家族宰的羊。在摩洛哥這穆斯林人口高達百分之九十九的國度，面對一年中最重要的伊斯蘭節日，一個大男人吝嗇、小氣、無恥到連宗教都約束不了，堪稱奇葩，難怪所有人隨他去，完全不抱任何期待。

二哥的所作所為讓他得不到家族的尊敬與愛，連親生小孩都不怎麼搭理他。二〇一六年底，二哥兩隻手腫了起來，抹藥無效，我懷疑是類蜂窩性組織炎，和貝桑趕緊載他到一百多公里外的埃爾拉希迪亞（Errachidia）大醫院急診。醫生要二哥住院數天，為了安他的心，我們特地回沙漠載二嫂和最小的兒子哈利去看他。

途中，我問當時才四歲多的哈利，等一下就可以看到好久沒見面的爸爸開不開心，他竟皺著眉，斬釘截鐵地答：「他才不是我阿爸！阿公才是我阿爸啦！」二哥連對自己小孩都吝於付出，平時都是阿公阿嬤在顧孫，小小孩心裡一清二楚。

不僅如此，二哥長子席德小時候和貝桑大哥還比較親近，寧願跟著大伯在野外照顧駱駝、夜宿星空，不願回家。

那一天，二哥遭受父親責罵，絲毫不知悔改，飆罵許久，連貝桑都說他瘋了。可一到中午，全家又是一團和樂地吃庫斯米。

我慢慢理解，我認知的「公平正義」不是家族那一套，即便所有人都厭惡二哥的行為，即便貝爸數度發怒要將他掃地出門，只要二哥臉皮夠厚，賴著不走，還真是誰都拿他沒辦法。除了「血濃於水」，除了「家族和樂」，除了大夥兒沒心力管那麼多，或許也是因為某種缺乏行動力的惰性吧！更何況，建構「親人」的要件向來是血脈相連與共生的情感，而非公平正義。

撒哈拉盛夏的白晝高溫輕易便能讓人汗涔涔，據說有助排毒、排寒又排汗。湧入梅如卡的摩洛哥旅客逐日增加，貝桑心情卻愈發低落，「天堂島嶼」民宿是套房，摩洛哥沙浴客群卻偏好家庭式住所，我們只能眼睜睜看著消費者離開。相反地，不管大哥和二哥的房子如何而來，沙浴季幾乎每天都有摩洛哥人入住，收入頗豐，遠比我們好上太多。

某天晚上，氣溫稍降，我們一起到村裡小店吃晚餐，巧遇二哥。他喝了不少酒，醉醺醺又瘋瘋癲癲地在街頭拉客，得意地說今天賺了多少錢，嘲諷貝桑賺錢能力太弱，一轉頭看到路上走動著一個個「可能客源」，又忽地溜去攬客，留下我和貝桑瞠目結舌地愣在當場。

二〇一六年秋，四哥向友人借了一大筆錢，加上積蓄，在沙丘後方投資帳篷營區，自行創業，不再覬覦我們小小的民宿，專注發展自己的事業，並於年底正式營業，貝桑一有客人就帶去給他。四哥可說在梅如卡旅遊業逐漸攀升的黃金時期做了正確投資，那年年底來沙漠過聖誕與跨年的國際觀光客滿山頭，他很快回本，日日賺得缽滿盆滿，搖身一變成為家族首富，卻相當懂得將自己的財富藏起來，對外總說沒錢。

在「家族相互扶持」傳統下，我深刻感受著「日頭赤焰焰，隨人顧性命」。

正當大哥與二哥靠著收租而日進斗金，三哥加快自家屋舍建造速度，四哥的帳篷營區生意蒸蒸日上，全家族似乎漸因觀光業興起而改善經濟條件時，重大衝擊旋即發生。

二〇一七年一月中旬，我因阻止阿迪拿石頭砸我收養的小狐狸麥麥，落得被大嫂趕出家門的下場，幾經堂哥卜拉辛協助，最後終於回到民宿。

一個月後，理應在外經商的大哥回來了，我遠遠見到他坐在自家水泥豪宅門前發呆，點頭致意後便轉身離去，不想跟大哥一家有任何瓜葛。傍晚，貝媽來跟我拿胃藥說要給大哥，原來外出工作的他因身體不適，提早返家。

過兩天，天剛亮，貝媽滿面愁容來敲門，要貝桑起床載大哥進城，剛巧遇上周末，診所歇業。

周一，大哥終於如願前往鄰近小城里桑尼就醫，拿了胃藥回來，吃了幾天，無效，改去另一個小城伊爾富德（Erfoud）求診，繼續吃藥，仍無起色。貝媽特地來敲門，請我去看看大哥，我心裡還生著大嫂的氣，可老人家臉上寫滿憂慮，我不忍拒絕。

那是我第一次踏入大哥豪宅，格局與設備遠比我想像得更「現代化」。大哥躺在其中一間房裡，大嫂、孩子們與幾個來探病的親戚圍著他。大哥見到我很開心，我一看到他只覺不妙，人家說的「印堂發黑」，大抵如此。

大哥利用從家族強取豪奪而來的資源蓋了豪宅，所有兄弟裡就他的房子最舒適、最現代、最體面，此時躺在豪宅裡的他看起來卻如此脆弱無助。無論之前大哥對父母與親手足做了什麼，如此艱難時刻，依然是家族支撐著他。我心裡百味雜陳。

我詳細詢問大哥的身體狀況，得知他不僅胃痛，連心臟和呼吸都嚴重不適，而且四肢痠痛。我記下所有病徵，透過臉書詢問台灣的醫生朋友，也把大哥的胃藥盒拍下來寄給醫生朋友們看。每一個收到訊息的醫生朋友都給了相同建議：「這很可能已經不是胃病了，趕緊帶他到大醫院檢查！」

隔天我和貝桑得出發到卡薩布蘭加機場接機，臨行前，我一再叮嚀三哥，我們願意出借車子，請他趕緊帶大哥去城裡看病。

幾天後，我們正帶台灣團走訪景點，三哥傳來消息，醫院診斷出大哥得病的臟器不是胃，而是腎，問題出在「腎太乾」！大哥的腎太缺水，而且是兩顆腎都乾掉了！

我滿頭霧水，從沒聽過哪種病叫「腎太乾」。

三哥接著說，大哥病情急速惡化，愈來愈神智不清，胡言亂語，差點死掉，後來緊急送到大醫院洗腎才救回來。

我這才明白，啊，原來是腎衰竭。

幾經打探，大哥在長子薩伊陪伴下前往梅克內斯（Meknes）一家法國人開的私人診所就醫，該診所與埃爾拉希迪亞公立醫院（以下簡稱「埃城醫院」）合作，依照醫院診療單處理。大哥花了近台幣兩萬元安裝人工血管，接著回埃城醫院洗腎，然後吃藥，休息二十天，不能工作。

家族不清楚腎衰竭的嚴重，無人哭得呼天搶地或趕忙變賣家產，而是一派樂天，雖然擔憂大哥病情，卻認為只要按時吃藥，很快就會沒事。

大哥剛生病時，一位家族長輩陪著四哥在親族間募款，接著向梅如卡一家家大飯店募款，好給大哥治病。二哥倒是貫徹始終地一毛不拔，親哥哥一病不起，他像看熱鬧般偶爾來晃晃便繼續賺他的租金、擴建他的房子，連一杯茶都不曾為大哥倒過；三哥表示自己的房子尚未完工，沒有餘裕可以幫助大哥；四哥藉口創業借貸尚未還清，躲到沙丘後方的帳篷營區發大財；五哥來幫大哥按摩過小腿，之後便消失無蹤，騎著我的野狼一二五繼續雲遊四海。

終究，一開始就落在我和貝桑肩上的經濟重擔並未因大哥病情穩定下來而移除。導覽工作結束後，帶大哥就醫的任務幾乎全落在貝桑肩上，他常因大哥的病情煩惱得食不下嚥。

眼見貝桑不時得載大哥就醫，完全無法上工掙錢且相關開銷全由我們買單，我不免擔憂，台灣在健保給付之前，不時有洗腎病人拖垮全家的例子，貝桑家族稱不上富裕，接下來由誰支付大哥洗腎支出？難不成整個醫療重擔將落在我們身上？

貝桑和我去探望臥病在床的大哥，只見他氣色極差，整張臉是黑的，臉消瘦了些，意識清楚但相當疲憊，直說心臟不舒服，食不下嚥，只要吃一點東西馬上狂吐。許多親族來探病，滿屋子人，大嫂一臉擔憂，憔悴不少，像個害怕失去依靠的小女人般抱著孩子坐在大哥身旁，茫然失措。親族鄰里熱切討論著如何能讓大哥好起來，小孩子不知憂愁地玩在一塊兒。

那時為了工作，我用自己的積蓄買了一輛二手吉普車，說好工作用，不是家族公用車。大哥一病倒，家族理所當然用我們的車送大哥看醫生，雖可理解，但衍生的油錢也要我付，貝桑更是愈來愈以壓迫性姿態要我幫忙撐起大哥一家，要不把我當空氣，要不把我當箭靶，把家族所有苦難都怪罪到我身上，就連四哥都跳出來說家族原本平安健康，打從我出現就爭吵與災難不斷。

由於擔心家族期望我支付所有大哥洗腎的支出，我害怕地把現金藏進茶罐，鎖進箱子，十分焦慮，甚至請客人私下給我導覽費。萬一被貝桑看到，他會全部拿給大哥和貝媽，一分錢都不留，忘了我們還得支付費用給駱駝伕與帳篷，明明工作了還得多賠錢。

那晚，明知隔天貝桑要載大哥進城洗腎，我把車鑰匙收了起來，想讓他知道大哥就醫的便利來自於我的付出，而非憑空得來。

貝桑果然來跟我討車鑰匙，而且是以責備、壓迫的大男人姿態。我不給，他進房間翻箱倒櫃依然找不到，來找我算帳，我們當眾吵了起來，誰也不讓誰，家族紛紛圍過來勸架。貝桑砸東西發洩怨氣，我躲進房間打開窗，冷冷看著外頭的吵鬧，從阿尤恩（Laayoune）趕回來探病的姊姊們聯合起來罵我，逼我交出車鑰匙，說貝桑是我丈夫，有權力用車，我必須絕對服從丈夫。二嫂和三嫂趕緊要我鎖上房門，千萬不要出來，貝媽倒是淡定地說不是我的錯，問題在貝桑身上。最荒謬的是，就連視財如命的二哥都跟著所有人罵我吝於提供協助。

四哥這時倒是出現了。他趁機說教，尖酸刻薄地要我私下解決和貝桑的問題，不要一天到晚吵吵吵，聲音都傳到老宅去了，成何體統！

我冷冷地看著四哥說自己無親無故，一個人在這裡做了多少事，為家族付出多少，瞎了眼的才看不到。貝桑情緒掌控不佳，為什麼不叫他改善？

四哥叫我不要自私地只站在自己的角度想事情，貝桑有事都藏心裡，偏偏我常找他麻煩，大哥又病倒了，我不該加重貝桑負擔，如果我們處不來，乾脆離婚，我儘管回台灣過自己的日子。

我說我和貝桑的婚姻關係不干他的事，他像抓到把柄一樣地笑得猥褻骯髒，說當然干他的事，我打擾家族清幽的生活，讓他媽媽不開心。言下之意，彷彿家族尊貴高尚，而我則極度卑下。

我毫不讓步地回嗆：「反正在你的認定裡，我永遠不是家人，而是可供榨財的有錢外國人，我跟你也沒什麼好說的。」

堂哥卜拉辛在旁聽了，淡淡地對四哥說，我跟貝桑的事與他無關，請他自制。

那晚，貝桑整顆心可說被我與家族間的激烈爭吵給撕碎了，回親愛至極的家族老宅窩著，取暖、療傷，我一人獨留民宿對M訴說剛發生的爭執。

M說：「在婚姻中，面對的不只是生活，還有伴侶和家族過往一切未成長與療癒的內在，亦即伴侶各年齡層的內在小孩。貝桑雖然在沙漠，情緒卻像氾濫的河流，雖已長大成人，內在仍是個孩子，而孩子多是無知的。若還能看見前世，就知道現今的劇碼很多都是為了平衡、重新回應與滿足某種執著。

「唯一止息痛苦的方式只有靈性思維，因那會停止自我慣性，才有新的可能。絕大多數人的自我價值建立在跟他人的互動關係上，自己內在是空的，仍處幼兒狀態，會盡可能追求表現和認同。」

我回想方才爭吵的場景，恰是平時最無地位的未婚姊姊蒂亞、對家族最無貢獻的二哥與遠嫁阿尤恩的姊姊罵我最兇，彷彿藉由辱罵我、欺壓我，便能證明他們對大哥的關心與支持，以及對家族的忠誠。貝桑則像個試圖在家族面前展現能力與威權卻無法得逞，為此哭鬧不休的幼兒。這一切，多麼荒謬，多麼可笑！

M說：「家族角力本來就是荒謬劇，和浮雲一樣，隨著事件的發生與結束，得到想要或不想要的，態度不斷改變。請同時觀照妳內在的期待，莫強化分別心和批判心，先照顧保護好自己，愛自己，很多事本來就不是我們個人可以解決的。也注意自己對尋求同盟的需求與依賴，要知人心變動，本來就有自私、自我保護並自我合理化的傾向。」

的確，適才一場衝突，已讓我明白自己在這裡無同盟可言。二嫂與三嫂相對體諒同為媳婦的我，但她們同樣不可能真的與我站在同一陣線，堂哥卜拉辛願意站出來為我說話，但我同樣不能讓他夾在中間，難做人。

處境孤獨艱難，又可預知因大哥罹病，家族勢必加重我肩上的經濟重擔，我憂傷地不知是否該離開？

M說：「妳是自由的，可以自己做決定，留下或離開都可以，只要是謹慎的決定。對自己真實，真實地看見自己內在的需求和聲音，比了解他人更重要。奠基在人心上的事，注定因多變的喜好而失敗。奉獻於神之事，即便在人世失敗，仍是成功。妳做什麼不是重點，那些『做什麼』大多是自己的喜好，重點仍在於本質與初衷。」

然而，家族不斷索討，我實在招架不住，整個家族關係與情感連結過度緊密，無法切割。

M說：「那邊沒有切割耶。妳在沙漠，沙漠是什麼樣的地方？」

我說：「四通八達連成一片的大地。」

M說：「沙漠是一片呀。話說回來，地球本來就是一個整體，有其自然畫分，人的畫分只是意識和概念的。妳在切割自己，用思慮深長的負面情緒凌遲自己。負面情緒向來都是當事人自我餵食的毒藥，當妳不開心，最先承受這份不開心的，就是妳。然而要如何回應這份不開心，就是種選擇。有時的確容易在情境中難以自拔，因為外在狀況一直來，但這本來就難以掌控，所以只能問心，問自己的心。只能安心，安自己的心。現在面對生死的，是大哥不是妳。妳面對的還不到生死，算某種存續。但無論怎麼選，妳都還活著。」

我愈來愈明白為什麼大哥總是等貝桑載他去就醫——原來除了我與貝桑，其他兄弟根本撒手不管。貝桑是老么，原本這些事根本輪不到他來扛，無奈他娶了個「有錢外國人」，從此家族對他的期待、給他的責任就與之前不同了，推都推不掉。

我也益發理解、益發接受「家族」是我與貝桑這段婚姻不可切割的一部分，我不可能永遠逃避「家族責任」，不可能永遠活在自己隔離的「結界」裡，或是永無止境地獨自與傳統對抗。

這樣的文化傳統與生活模式是這塊土地上的人的普遍狀態與集體意識，若我真想在沙漠立足、做事，便不可能自絕於外。那麼，磨練出一套不卑不亢、能量平衡的應對之道，是我早晚得學習的功課。

過兩天，M問我是否一切安好。

我說貝桑載大哥進城洗腎了，看到大哥病成那樣，讓人很不忍心。

M說：「人在生老病死前都很卑微。」

我說，家族現在知道洗腎是一輩子的，想讓大哥一家搬去有洗腎中心的城裡住。爸爸病了，六個小孩和媽媽去城裡跟爸爸團圓，一家人要在一起。那畫面讓人很難過，家族連結的緊密度也讓我非常訝異。

M說：「其實是妳遺忘了，這部分的情感其實妳也一樣很緊密，只是沒太連接在人身上。妳對麥麥的情感、照顧和投入，也是這樣的能量。妳和原生家庭在今生的連結是他們支持妳，而妳只做自己。知道自己忘了，知道自己內在可以敞開且想要了解。在評判升起時，知道自己在評判，因為自己也有未被滿足的需求和考量，知道在什麼樣的狀況下，想尋求認同。也知道這樣的模式容易錯失看見整體真相的機會，變成一場又一場的角力。

「對錯是相對的，化約的，危險的。在事件中的每個人都是球員兼裁判，事件外的人也只聽片段故事而反應，人際間交流的通常是情緒，極少是真正的理解和溝通。最重要的是了解自己，同時了解自己選擇了一個什麼樣的舞台，發生的這些戲碼不過是時空文化下的必然。

「也請記得，尤其在太平時期，人很少真心想作壞人，通常是因為無知、自私、嫉妒、懶惰和恐懼，因為不知道自己真正的價值。『同理心』不見得就是要捨盡自己去解決別人的問題，就只是試著去了解和祝福。我們以為是對別人所做的一切，其實也都包含了自己。」

然而，橫擺在眼前的事實是，隨著時間與事件推演，我感覺自己愈來愈被孤立，當然也有可能是我現在才知道自己在這裡的真實處境，家族所有問題的可能解決方案，到了最後，全是我一個人掏錢，家族永遠「什麼都沒有」。我想在沙漠實踐夢想，但對家族來說，所有外國人全都是提款機。我從不敢奢望他們真心把我當家人，經濟是我唯一籌碼，同時卻又看到金錢改變不了什麼。

許久前，M曾說，走過人心欲望流轉的歷程後，我會發現這是必經之路，最終去學習「愛」。偏偏貝桑給我的情感支持太少，失落之餘，漸漸地，我好像也可以自得其樂，感受不到他的愛，或是從他身上得到的愛不夠，依然不影響我的完整性。我似乎還是可以試著去了解並祝福他，自己心裡有一種類似「愛」的情感，但是跟之前不同，少了想掌控什麼，或交換什麼的欲求。

M說：「是妳抱著志願嫁去沙漠，而那被妳選中的家族，是否抱著同樣的志願選擇了妳？人的相遇必然有其因果，關係愈深，前世因果愈強。前世有虧欠或誤會，在今生，時機到了，必然啟動平衡機制。如果雙方都只著眼當下利益和主觀的對錯，那麼只會引發爭戰。因果平衡的設計在於讓人學習真正的愛與發展靈性，無法用現世的公平正義來解釋，因此今生事件上的輸贏毫無意義，正確回應並看見本質，才能真正平衡並止息這一連串因果。

「在那平衡進行的時間中，若前世的妳，在強烈的自我需求驅動下，曾是控制他人者，而受控制者在今生恰為伴侶與家人，通常會有一段時間，他們會索取、會要求，並且像受害者般地指責妳，而妳將百口莫辯。在這段時間，妳若能學習去看見，即便艱難，依然一再選擇靈性之路，選擇妳真正想要成為的人，那麼即便有了物質上的損失，卻可獲得心靈的平安以及回應的智慧（給予和捨離）。

「更重要的是，從困難處境中，蛻變成身心健康的人，才能有清晰意識來回應其他因果，走上真正該走的生命之路，而不是自己有興趣的路。若一個人有能力並有意願照顧好自己，就不會因受害者意識而受更多苦。受害者意識只會帶來痛苦憤怒而非力量。妳正在許多岔路上，從靈性來說，真正生命之路就是走向神的路。

「我們的對話不在於要妳怎麼當個好人，更不在於否定妳，而是帶來智慧之光，讓妳能夠停下習性。妳很努力了，卻看似毫無回報，甚至沒完沒了，這是一個必然的階段，且將持續到妳的心不倚靠外境回應來獲取平靜，才會停止，但這不代表妳就得放手，不做任何事或任人擺布。更重要的是心念的明晰，而非評判。很多時候，評判只是尋求認同，找回控制權與自我價值。」

那麼，貝桑責怪我，也是在藉由評判，來尋求他想要的認同？

M說：「他也在自己的因果平衡中呀，關於他自己與家族所有一切。多數人因他人認同而獲得肯定與價值感，卻看不見自己因此受束縛。在這物質界中的每個人都要面對這一切，只是有知或無知。

「朝向神的道路絕不會將靈魂變成任人宰割的羔羊，而是真正地活出內在力量，同時看見他人是這條路上的同工，看見事件只是事件，看見彼此的影響。請關注自己的心念，論斷人者，必遭論斷，引人走向論斷者，必嘗苦果。妳正在路上，請保守妳的心，因它是聖殿中的聖壇，我們和妳同等珍視。」

我不會知道自己與貝桑或是身邊任何人的前世，但我很清楚自己內底有著一份藏不住的傲慢驕矜，容易引導我走向獨斷專制，或許那真是累世習氣？

一個人在沙漠面對傳統婚姻與這個龐大的貝都因家族，所有曾經讓我能得到台灣社會認可的，例如性格獨立與工作能力，例如法國博士文憑，在這裡全部一文不值，逼使我得面對最最真實赤裸的自己，面對他者如何用另一套標準要求甚至評判我的存在價值，例如傳統家族對女性服從的理所當然。

我不願任人宰割，我起身反抗家族成員對我的索求，但我真真實實一個人在這裡，面對著一堵堅硬且沉默的牆，每一場抵抗都是拿頭去撞，牆如如不動，只我鼻青臉腫。

我試圖溝通，希望他們也能理解我的狀態、想法與需求，甚至遵守當初對我的承諾，然而我永遠等不到我所需要的被理解，因為他們無力理解我什麼，甚至不需要理解我，也完全無礙於他們日日享受傳統家族的和樂生活。

當我的拒絕與反抗讓他們習以為常的生活軌道有了雜音，自是落得千夫所指。曾伶牙俐齒的我，因他們無力理解不在傳統規範內的那些，成了百口莫辯。

是啊，若我依然寄望藉由獲得他們的認同好換取安全感或內在平靜，這期望注定落空，所以我必須拿回決定自己是否快樂的選擇權，同時停止用自己的道德標準論斷他們，讓自己也讓他人自由。

我告訴自己，就當貝桑與家族中的每一個人都是我「內在靈性成熟的同工」，就當所有那些我無力反抗的壓迫、無力反駁的指責是一場場因果平衡的過程，我相信自己挺得住，能走過，我的靈魂真正渴望的，只會是朝向神的道路。

我問自己，面對疾病纏身的大哥，如果給出去的饋贈與給予無法換得感謝、接納或任何回饋，真能坦然接受嗎？

忽地，一個螺絲鬆掉了，我明白也接受了再多金錢都買不到家族對我的真心接納，面對「金錢買不到的東西」，完全沒有砸錢的必要。

一個答案緩緩浮上心頭：我願意與大哥分享金錢，因為我真心希望大哥一家能快樂在一起，珍惜一家八口共享的時光，這是我對生命的真誠祝福。

這念頭浮現時，相對寧靜清澈的感觸也回到了我的內在。是的，重要的是初衷與質地，為別人做的，同時也是為自己做的。

「感受妳體會到的，讓它深化妳的洞見，這是神之所以應允妳到沙漠的原因之一。物質世界在二元對立中，人們的溝通經常是玩著我對你錯的角力遊戲，有對錯（認同／分類）就有競爭、輸贏和懲罰，這種遊戲服務虛假的自我，所以是傷害、破壞和消耗的。

「在物質世界中，雖然靈魂真正想要的是愛與世界美好的遊戲，但因為物質律法和生老病死的制約，恐懼經常凌駕一切。知道這點，知道什麼受限、什麼不受限，知道自己有很多不知道的，知道這個必然並非是針對妳。做妳能做、想做、該做的，為了妳的心、妳的愛、妳的自由和完整，在平安之中。」M說。

眼見大哥從勇得跟牛一樣，迅速衰弱至寸步難行，我深感在疾病與死亡面前，人如此渺小、無助、脆弱，所有在乎的事與曾經過不去的那些，到頭來都不那麼重要了。

我感覺自己的心愈來愈沒能力（或說空間與意願）容納「恨」，好像不管發生什麼事，如果我還憶得起一點點對人的基本善意，內在寧靜便能回來一些些，至於外顯的「得到」或「失去」，更是遠不如當下的沉靜喜悅要來得真實有力。

大哥與親族抱怨沙漠偏鄉沒有好醫療，都花大錢洗了三、四次腎，卻未能恢復往昔生龍活虎，更糟的是，先前在梅克內斯裝的人工血管出問題，必須重做且費用相同。幾經家族抗議，最後診所同意重做且只收半價。

大哥聽說馬拉喀什有家慈善機構專門幫窮困者免費安裝人工血管，要大兒子薩伊帶他去。兩人搭長途巴士再轉計程車抵達後，才知床位不足，必須等一個禮拜。大哥想打道回府，偏偏身體太虛，無法搭巴士，打電話要貝桑去接他們父子，這來回往返超過一千一百公里的油錢與沿途所有支出，貝桑得一人承擔。

埃城醫院雖可免費洗腎，床位卻永遠不足，總得等到奄奄一息才輪得上，偏偏私人診所洗腎費用與必然衍生的支出過於高昂。幾經打探，眾人得知古爾米瑪（Goulmima）有一間沙烏地阿拉伯人蓋給窮人的免費洗腎中心，一周可洗腎兩次，這下大哥算是得救了。

古爾米瑪離梅如卡約一百三十幾公里，為免舟車勞頓，家族硬是湊了筆錢在那兒租了間房，方便大哥就近洗腎，可他不願一人獨居外地，寧願當天往返，無論如何都要留在梅如卡和親人在一起。遊牧民族的生活重心與人際網絡完全建立在家族，一旦離鄉背井，頓失依靠。

這可真苦了貝桑。原本薩伊會幫忙接送父親進城洗腎，很快地，所有工作完全落在貝桑肩上，因為薩伊的修車行剛開張，必須留在店裡忙。

一周兩天，貝桑清晨就得起床，踩著星光，開車兩小時送大哥進城。等大哥躺上洗腎中心病床，貝桑就在車裡補眠，四小時後再去接他，回到家也就傍晚了。如此一來，貝桑硬生生少了兩天可以掙錢，其他時間好不容易掙來的錢，恰好支付洗腎的交通雜支，不時還得厚著臉皮跟我借。

至於大哥，自他和大嫂自立門戶，幾乎不再拿錢給貝爸貝媽，一旦病倒，全家基本生存全數仰賴家族接濟。可他沙浴期間明明日日收房租，怎能連洗腎的交通費都賴給貝桑呢。我雖不滿，也只能告訴自己，或許大哥手頭真的沒錢，也或許他想留點錢給小孩。

一回，我陪貝桑載大哥去古爾米瑪，大哥洗腎時，我們和孩子們在租屋處休息。我去巷口小店買了氣泡飲料和餅乾，已經很久沒辦法好好睡覺的貝桑想趁機多休息，無奈大哥結束療程後，一心只想趕緊回梅如卡，催促貝桑立刻啟程，並把沒吃完的餅乾包起來，笑說要拿回去給最小的女兒麗安。

那個當下，我頗感動，或許大哥在財產與資源分配上對父母及親手足殘酷又自私，但他真的很愛自己的小孩，去梅克內斯做人工血管手術時，病得再重，都沒忘了帶禮物給最小的兒子阿迪。

每周兩次接送大哥洗腎的任務讓貝桑幾乎快喘不過氣，跟我說他覺得大哥很像一根繩子，緊緊勒住了他的脖子，讓他快要不能呼吸。

我好幾次想對貝媽說，您難道真的沒看到您那纖細敏感又嬌弱的小兒子為了扛哥哥的病，迅速消瘦，都快撐不住了，能不能請其他人也來幫忙分攤？卻一見老人家滄桑憔悴臉龐滿是對大兒子病情的擔憂，話到嘴邊，怎樣也說不出口。

其他人呢？二哥永遠事不關己，三哥說沒錢，四哥忙自己的事業，五哥在外浪蕩，面對這群或沒有能力或沒有意願努力的親族，在血濃於水的親情壓力下，責任永遠落在心最軟的貝桑身上。

我和貝桑決定暫時出遊，透透氣。

正當我們因沿途美景而稍稍忘記憂慮，貝桑難得重拾笑顏，手機忽地響了，涵涵童言童語地說大哥走了，嚇得貝桑差點哭出來！

待涵涵將電話交給三哥，我們才從三哥口中得知大哥請人載他進城洗腎，回程和一輛酒駕的車擦撞，大哥和司機毫髮無傷，車門倒是被撞壞了，對方賠了點錢，事情算是落了幕，有驚無險。

這幾通電話讓我厭煩、憤怒！

為什麼有車有錢有事業的四哥不能送大哥去洗腎？前前後後不過接送三次就不幹了？都說「久病床前無孝子」，家族其他人對大哥生病一事往往「出一張嘴」地給意見，外加聳個肩膀地「愛莫能助」，沒有誰真的在為大哥「努力」與「認真設想可行辦法」，期望著我和貝桑處理所有事。

最讓我驚訝的是大嫂。

貝媽有次帶著二嫂和三嫂來向我道謝，我要她老人家放心，說大哥的病情會慢慢控制住。當著貝媽與三嫂的面，二嫂直白地說，若我想減輕大哥在醫療支出上的負擔，一定要把錢交給貝媽，若拿給大嫂，她只會把錢藏起來，不會拿來幫大哥治病。

我愣了好一會兒，不禁思考著，對大嫂來說，貝都因傳統婚姻究竟是一場什麼樣的

「交易」？

的確，若非大嫂逼著大哥分家，大哥此時尚是家族掌舵者，大哥和她這長媳仍然都是貝媽的「資產」。另一方面，真正屬於大嫂的資產當然是她自己的親生子女，在此艱難情況下，若有資源，當然是給小孩而非病入膏肓的丈夫，更何況有家族網絡與心軟的傻子貝桑，即使大嫂藏起所有的錢，謊稱囊空如洗，總有熱心親族主動張羅大哥的醫療費。

M說：「沒有對他人的愛，至少要有能力看見他人之間彼此相愛的能力，且不批判。」

很自然地，「大哥的腎病」不再像先前那樣驚嚇我，而是讓我以不同方式學習家族責任這門功課。

有段時間，大哥三天兩頭得去埃城醫院回診，為了避免舟車勞頓太過疲憊，借住大姊法蒂瑪家。法蒂瑪是貝爸第一次婚姻的孩子，遠嫁埃城。

貝桑認為大哥若可以在家人環繞的溫暖氛圍裡休養，病會好得更快，主動把大嫂與六個孩子載去埃城大姊家和大哥團圓。隔天清晨打電話給我時，從他聲音聽得出來，他因為自己能幫上忙而開心不已。

大哥一家大小擠在大姊家，法蒂瑪守寡多年，孩子漸漸大了，經濟壓力雖不似先前龐大，但手頭並不寬裕，此時必須提供大哥各種醫療照顧上的協助，還得招呼一大家子人，肯定頗為疲憊，但她似乎甘之如飴，畢竟是「一家人」。

這就是所謂的「家族一體」了吧，當一個人倒下，唯有親族是依靠。再一次，我驚訝地發現，「家族傳統」確確實實是他們的生命核心價值與自我存在感的磐石。

無怪乎先前因民宿與貝桑的哥哥們槓上時，貝桑曾數度極為痛苦地對我說，他真的很愛我，否則這種夾在我與家族之間，不斷被撕裂、被拉扯的日子，他一天都受不了。

我比之前更細膩鮮明地理解到，貝桑為了能跟我在一起，承受多大外在壓力，以及他對這段關係的努力，明白在這麼多衝突與爭吵後，他依然希望我們可以繼續走下去，也持續為此努力，甚至努力想找出讓我和家族都能和平共存的生活方式。

我們的關係更像「緊密結合的伴侶」，他不再只是家族老么，我不只是異族女子，我們之間的婚姻感逐漸出來，連帶也讓我與家族間有了較不同的流動。

我自己也過了一個關卡，那不是三言兩語就可以交代的「留」或「不留」，而是心底一份「清楚」與某種淡然、自在和「無所謂了」。我對M的話也有了更深的體悟：「不管是實踐愛、人道精神、家族或離開……最重要的是，這必須是內在真心真意的選擇。妳不需要成為完美的扛霸子，而是一個真誠、自然、流動的人。肉體會消滅、關係總有聚散離合、所有所見都有期限，唯有妳的決定與行動——這些內在真我的顯化——會真實地存在。」

是啊，很多時候，做與不做某事之於我，最終目的都是學著對自己更清楚，「走著讓靈魂成熟的修行路」。

願我離世時，如數拋丟累世所有情緒、經驗與記憶，心中僅存對世間的愛，乘著這份愛，回到我所來自的有光的那方。

二〇一七年八月初，那個曾對全家族嗆聲：「只要我活著的一天，誰都別想把適任從這裡趕出去」的可愛老人貝爸，永遠離開了人間。

沙漠盛夏酷熱，老人家仍然習慣在豔陽下勞動，屢勸不聽。那天，貝爸整個人極不舒服，睡到中午仍未見起色，貝桑趕緊送他去村裡的醫療中心，醫生判斷是熱衰竭，讓他在有空調的房間休息。貝爸逐漸陷入昏迷，貝媽守在他身邊，叨叨絮絮跟他道歉相伴幾十年歲月裡曾發生的不悅，彷彿在道別。接著，醫生甚至宣告貝爸死亡。

下午，眾人讓幾乎已進入彌留狀態的貝爸搭救護車到埃城醫院急救。晚上，貝爸稍有起色，我們去探望時，他神智清楚，只是身體極度虛弱，上下床和如廁都需要人攙扶。當夜三哥和四哥在醫院照顧貝爸，我們則天未亮就送大哥去洗腎，路上貝桑打電話給三哥，那時貝爸狀況都還好，想不到幾個小時後就傳來逝世消息。

貝爸離世前幾天曾因二哥對家族一毛不拔而大發雷霆，二哥不高興地回嘴，摔爛了家裡很多物品。貝爸離開後某天晚上，貝桑遠遠看到二哥坐在荒漠陰暗處一個人喝悶酒，不知在想些什麼。

幾個月後，二哥竟然借酒裝瘋，在家裡大吵大鬧，說要把貝媽和未婚姊姊蒂亞趕出去，直說老宅是他的，所有土地、屋舍與資產全是他一個人的！惹得貝媽老淚縱橫。隔天早上貝桑悲傷地說，他、三哥與四哥想好好整修老宅，讓媽媽安享晚年，也讓孩子們有個寧靜安全的空間平安長大。

大哥病得愈重，對貝桑就愈苛刻、愈依賴，以長兄身分與「罹病」向他索取特殊待遇。

某天清晨，貝桑還在睡夢中，大哥要小孩來叫他起床。原來是大哥血壓太低，身體不舒服，要貝桑開車載他去村裡醫療中心。可醫療中心明明近在咫尺，若薩伊騎摩托車載他去，三分鐘之內抵達，為什麼非得把貝桑從床上挖起來不可？

大哥急著治好病，數度要求貝桑帶他到距離將近七百公里的古城烏季達（Oujda）就醫。原來親族懷疑之前的醫生誤診，搞不好大哥得的不是腎臟病，因為他的腎不痛，而是心臟不舒服，認為他應該找別的醫生做檢查。聽說遙遠的烏季達有個腎臟名醫，治好了很多腎臟病人，絕對可以讓大哥擺脫洗腎的宿命。

我捺著性子解釋洗腎是一輩子的事，無論看哪一位名醫都不可能「痊癒」。現實就是大哥不可能重回過去的生活模式，必須調整生活與自己，以適應罹病的身軀，如果他還想養家活口，甚至得尋找新的工作型態與「新生活」。

貝桑說，阿拉會給大哥一顆新的腎，讓大哥好起來，還一口咬定家族一定是被巨大的邪惡之眼襲擊，才會災難不斷。我心想，人的邪惡之眼絕對不可能比阿拉的力量大，大哥的病是阿拉的旨意，畢竟大哥之前的作為……

自從開始洗腎，大哥飲食有所限制，可大嫂廚藝實在欠佳，他經常食欲不好，又喝不慣不加糖的茶，相當鬱悶。一回，我好心買一罐蜂蜜給大哥，他難得喝到這麼珍貴的飲品，竟不時來跟我索討。又有一回，體虛的他中暑，我幫忙按摩和輕度刮痧，讓他舒服很多，便要我常去幫他刮痧，彷彿只要幫了一次忙，從此以後提供相同服務便是我應盡的義務。

然而，曾經趕著駱駝和羊群橫跨撒哈拉的大哥，此時光在院子走個幾步，身體便不堪負荷；曾是一家之主的大哥，此時全靠么弟一肩扛起他的洗腎重擔；曾經草莽霸道的大哥，現在偶爾要發達了的四弟幫忙還得看人家臉色。我看著大哥像個老人般蜷曲身子，呆呆坐在薩伊的車行門口晒太陽，與往來鄰居打招呼，不勝唏噓。

觀照自己的情緒在「厭煩」與「憐憫」之間流轉，自己的心在「幫」與「不幫」之間擺盪，我想，這就是地球人常見的狀態了。

終究，雖非毫無怨言，我仍盡力幫忙，為的是大哥年幼的孩子們，不希望將來他們回想自己父親在生命最終階段，貧病交迫，無人伸出援手，不希望他們的童年記憶裡，滿是現實殘酷與人情冷暖。

二〇一八年二月中，一個風和日麗、陽光燦燦的春日，我們帶星球團走訪撒哈拉，正開心想著今天的行程一定可以順利完成，貝桑突然把我叫到旁邊，滿面愁容地說，三哥正陪大哥搭救護車前往埃城醫院急診。中午準備讓客人用餐時，貝桑叫住我說，大哥往生了，突然！

伊斯蘭傳統規定速葬，亦即當天下葬。貝桑問能否提早結束導覽，讓他趕回去送大哥最後一程。商量後，決定貝桑先走，我留下來和星球領隊繼續跑完行程。

一位客人詢問依據傳統習俗，我是否也要參加葬禮，最後我跟星球告假，把後續行程交給長期合作的司機，星球客人相當理解，要我們放心。

回到老宅，屋裡已擠滿前來致哀的親友，女人們哭成淚人兒，其中當屬貝媽與大嫂最悲傷，一個喪子，一個喪夫。見著哀慟欲絕的大嫂，我眼淚不禁掉了下來，大哥最年幼的三個小孩尚未清楚意識到爸爸已經離世，狐疑地看著悲泣的大人，大哥長女法蒂與次子穆罕默德則止不住淚地嚎啕大哭，家族紛紛圍著他們安慰。夜裡，大哥遺體終於送回來了，便也就下葬了。

葬禮結束後，三哥說，大哥悶壞了，前幾天不聽眾人勸阻，任性地騎摩托車到遠方和朋友敘舊，回來後身體開始有狀況，前一晚又嘴饞，喝了大量駱駝奶，身體愈來愈不舒服，一早醒來只覺心臟無力，吃了些麵包與茶便覺得累，才走幾步便搖搖晃晃。家族在院子鋪上地毯，讓他躺下來休息，貝媽在旁陪伴。大夥兒覺得大哥應該只是疲憊，三哥放心地出門上工，不一會兒卻接到家裡電話。五分鐘後他回到家，發現大哥已近彌留，趕緊叫救護車，可尚未抵達埃城醫院，大哥便在救護車上斷了氣。

大哥的死因？嗯，大夥兒認為就是時候到了，阿拉的旨意。

我問堂哥卜拉辛，大哥小孩都還小，光靠長子薩伊修車行收入，夠養活一家人嗎？卜拉辛說若孤兒寡母生活真的無以為繼，親族勢必伸出援手。至於誰是親族，唔，就是前來致哀與正趕來致哀，血脈相連，有著親屬關係的所有人。

貝都因人對死生來去的接受度相對是高的，孩子們更是幾乎與悲傷哀慟絕緣，爭先恐後湧進民宿大玩特玩，就連從學校哭著回來的穆罕默德都在親族孩童陪伴下，暫時將喪父之痛擱置一旁。

大哥往生第三天夜晚，家族聚會整體氣氛愈來愈似節慶，生離死別的哀傷漸淡，大人小孩忙著聚餐。男性親族紛紛對貝桑說，大哥病倒後多虧有他，否則大哥絕對撐不住一年，貝桑可以為自己感到驕傲，他做了別人做不到的事。

幸好家族男性以認同回饋了貝桑對家族與大哥的付出，否則對貝桑來說，那會是一道隱隱的「傷」——無論他再怎麼掏空自己地付出，家族都看不見他的努力，且視之為理所當然。

傳統思維中，享有最多資源與最高權力且須承擔最多家族責任的是長子，弟弟們則需服從，排行愈後面的小孩愈無話語權，甚至被期待自我犧牲以成就家族期許。當貝桑的行為符合傳統家族價值，大哥一走，便從家族男性那裡獲得了他所渴望的認同、肯定與接納，連帶讓我也得到更多家族認同，因為我的付出同樣符合了傳統價值。人類就是這樣，所有的愛與認同都有條件，不同社會與文化，價值標準不同罷了。

天底下能做到「無條件的愛」的，惟有神，我們全都是有著七情六欲的凡夫俗子，需要一定程度的回饋才較容易繼續善行，承認這點，反而活得更真實。

大哥病倒這一年來，有時我的協助並非心甘情願，不樂之捐偶爾有之，但我知道自己是有能力幫忙的，也清楚家族把整個擔子全放貝桑一個人肩上，若我不肯出手相助，他根本扛不住。更真實來說，我幫的是貝桑，外加對大哥的同情。

我出錢出力幫忙大哥，瞬間拉近了我與家族之間的距離，大哥生前因此對我態度更好，不時人前人後稱讚我、感謝我，讓我在家族地位更穩固，這連帶也利於大哥自己——他離世後，那些對我與貝桑的肯定與稱讚在親族間發酵，讓我們更有可能持續善待他的妻兒。

大哥的病是一份禮物，讓長年在外工作的他有完整的時間待在妻兒身邊，讓貝桑學習愛、堅持與承擔，也讓我這六親淡泊之人有機會慢慢學習家族功課。

大哥往生第四天，致哀親友逐一離去，我和家族女人們前往墳場。大哥的新墳就葬在貝爸旁邊。七個月內，家中接連失去父親與大哥，變化不可謂不大。

因死亡而哭泣的，惟有大人。大哥八歲的二女兒絲瑪帶著愛與笑容，將扁平石板鋪在大哥墳上，開心地為爸爸做事。喪禮結束要拆除為親友造訪臨時搭建的帳篷，大哥么兒阿迪和一位親族孩童協力拔出釘入地裡的帳篷鐵釘，彷彿在玩遊戲。么女麗安那時約莫三歲半，在民宿裡玩，突然抬頭看著我，皺著眉，滿面愁容，童言童語地說：「我爸爸去市集做生意，沒回來，不見了。」

每一回婚喪喜慶，都讓我更清楚地看見家族的包袱與限制、團結與力量。以收入不豐的貝桑為例，他因家族食指浩繁而難有積蓄，卻也同樣因家族認同與價值，有了依靠與工作動能。

「家族」這張綿密交錯的人際網絡將所有人網在其中，不會有任何一個成員全然失去依靠，卻也難有任何人可以擺脫因這張網絡而來的責任。要是其中一員消逝，因著網絡綿密龐大，很快便能重整出一個足以應變新局勢的形式。

大哥已闔上雙眼，一張綿密牢固、名為「家族」的網絡迅速接住了每一個掉落下來的人，讓孤兒寡母不至於無依無靠，讓死亡帶來的衝擊與悲傷盡速淡去，讓生者相對無憂，繼續往前走。

至於我那套至高無上的公平正義，放在沙漠的生活裡，一點意義與價值都沒有。他人沒有必要照我的生命價值走，我的真理與追求也並不比他人的更高尚。每個人都是自己世界的中心，但沒有誰是世界的中心，因此，我們不得不暫時放下自己的需求與堅持，適度讓步，讓他人擁護的道德標準與價值觀走入自己的視野與心，一己內在世界將因此更豐富擴大，連帶加深自己的內在力量。

與貝桑的婚姻在許多層面皆不盡然符合我當初的期許，卻是神的祝福，讓我得以慢慢理解且接受這世界並不圍著我轉，也沒有必要滿足我每一個期許與需求，神的安排是細微照顧著網絡上的所有生靈，一時之間的災厄，不過是關鍵性成長契機，端視人能否把握。

人生不過就一個修行的過程，修「我執」。

一早，貝桑臉色凝重地來跟我商量，大哥生前做羊隻買賣生意，有餘款尚未支付，為了給妻兒蓋豪宅，瞞著所有人在外頭借了不少錢，直到病重才對一位親族吐露實情。等他一走，三位債權人自然找上門，也善心地自動降低款項，讓孤兒寡母能好好接續沒有大哥的日子，堂哥卜拉辛付掉了一部分，貝桑希望我們也幫忙還債。

我不免困惑，大嫂真的一點存款都沒有嗎？常有觀光客租他們的房子，大哥不是還有一頭駱駝與村裡一家店舖？為什麼不賣了還債？其他兄弟都不出錢嗎？有車、有帳篷區的四哥呢？

然而，如此時刻，這類質疑只會是干擾生者與死者的雜音，錢從來只是身外之物，撒哈拉整體流動讓人只願在寧靜與平安中，讓生命繼續。

想起大哥生前對父母手足那霸道、自私與蠻橫的對待，想起大哥對自己妻兒的呵護與付出，只覺過去種種如夢幻泡影，如露亦如電，全都不重要了。

分享

回沙漠前，M曾提醒我注重孩子們的教育，我專注於此可說是從二哥次子猶瑟開始。

二〇一一年初識貝桑時，貝桑哥哥們的小孩加起來共七個，猶瑟那年四歲，是其中最不受寵的那一個。

二哥和二嫂不甚理睬孩子的教育，大兒子席德沉默寡言，成天在外鬼混，人人嫌的猶瑟則一副猴樣，老愛鬼吼鬼叫，一刻都坐不住，任何東西一到他手裡，三兩下壞得徹底，偷竊撒謊的習慣怎樣都改不掉。但他同時是個單純活在自己快樂世界的小孩，無時無刻都在玩，一興奮就發出尖銳刺耳的笑聲。

猶瑟精力充沛，活潑好動，永遠赤腳跑來跳去。以前的我可能會覺得這小孩好可憐，渾身髒兮兮，連鞋子都沒得穿，只有泥土、石塊和木棍可以玩，回沙漠後卻看見，殊不論物質條件與父母的疏於鼓勵和管教，這孩子享有一份最豐沛慈悲的資產：來自這塊土地的承擔，任他到處跑跳、挖掘、模仿與創造。土地永遠溫柔地承接所有。

也恰恰正是這樣的皮小孩最能玩音樂。沙漠孩子的音樂教室就是天地與家族，手中的鼓就是好玩的玩具，於自然隨興中玩出章法，猶瑟尤其如此。他只要一拿到鼓，信手就能來上一段，「猴樣」加上「鼓」，一秒變身「率真自然音樂人」；若是拿起烏德琴，隨手亂彈，胡亂哼唱著自己即興創作的曲調，臉上就出現專注柔和的神情，身體自然而然隨之搖擺，渾然忘我，無限迷醉，在音樂中投入了全部情感，帥氣又迷人。有一回他拿起格納瓦樂器嘎蓋叭（qraqeb），敲響節奏，大聲唱起傳統曲調，模仿黑奴樂師，不斷甩頭、旋轉、跳躍，邊大笑，我知道他活在自己創造出的音樂宇宙，一場狂喜。

二〇一四年「天堂島嶼」民宿動工後，我在市集撿到一隻病重的小奶貓，在撒哈拉自然力療癒下，小奶貓竟然拒絕死神召喚，活了下來，我為牠取名西蒙。

猶瑟時常來民宿玩，孩子對待動物的方式可以非常粗魯野蠻。已經七歲的他對西蒙充滿好奇，時常拿著一根棍子要和貓咪玩，我屢勸不聽，偏偏大人不以為意，讓人十分苦惱。大概是覺得我很喜歡貓，有天猶瑟突然抓了隻小母貓來給我，說是在綠洲農田撿到的，我無奈收下，當成給西蒙找個伴兒。

那時不久後我得回台灣一趟，尚未完工的民宿將交給貝桑管理。貝桑當然會善待貓咪，可是一旦忙起來，西蒙勢必得靠自己，牠雖然聰明又獨立，我卻不確定若無人餵養，牠如何在沙漠活下去。

那一天，猶瑟來民宿一見到西蒙，興奮極了，順手抓起地上的蘆葦，瘋狂大笑地朝牠打下去，幸好西蒙警覺性高，一溜煙躲進麥稈堆。猶瑟不放過，拿著蘆葦用力敲打麥稈堆，想把西蒙從裡面趕出來，還一邊發出刺耳笑聲！

親眼目睹這一幕的我怒極了，一個箭步衝上去一把搶下蘆葦，另一手掐住他的脖子，憤怒地直直看著他的眼睛說：「你再欺負貓咪，我就讓你好看！」

猶瑟嚇呆了，一溜煙逃回家。

我很後悔自己太衝動，對小孩施以言語與肢體暴力，發了訊息給M。

M回我：「猶瑟是個正在發展力量的靈魂，但未明白力量的價值和生命意義，事實上，他也只是遺忘了。用交付他小任務的方式來引導與規範吧。雖然他『欺負』貓，但或許是他好奇。讓他知道，一個真正的男孩，不會欺負比他弱小的生物。建立在嚇阻的關係，最終只會被反動的挑戰破壞。轉化妳的憤怒和憂心，尋找機會教育吧。也許需要一些歷程，但這樣的做工能夠生根。」

我說自己原本不太喜歡這個小孩，後來發現他很愛在土地上勞動，很想工作，但要對他下工夫得花不少時間和力氣。

M說：「妳不就是去沙漠『下工夫』的嗎？一個孩子就是一顆種子。真正心的教育是人們需要的，有益於沙漠。大人都很疲勞，總想快速控制孩子，孩子卻失去了學習的機會。如果妳不想埋一顆炸彈，就收服他。」

我問：「可以讓他為貓咪服務，再給獎品嗎？獎賞是很明顯的報酬，但不知道會不會也是一種對孩童的心靈汙染。」

M答：「的確，不帶更深一層意義的獎賞，有時是助長貪婪的糖衣毒藥。這是一種教育，如同耕耘一般。如同引水入荒土，若無法產生持續力，便如夢一場。教育啟動意識的傳承與進化，將無意識帶入有意識；人的進化是意志的進化，意志無法非自願進化。孩子多是在無意識中反映群體意識。透過這個孩子，妳將更明白當地人。」

每個人內在都有尚未覺醒的佛，我自己同樣是個「迷失的靈魂」。我確實不該那樣暴力對待一個七歲的孩子，但我也不知該怎麼「教育」他。偏偏理智上又知道，若真要在沙漠與「人」在「人心」上工作，很難不觸碰到某種形式的「教育」。

更何況，大人多已定型，各忙各的也未必說實話，若我這個異鄉人想在沙漠安居進而做事，藉由觀察孩子、與孩子互動，或許更容易理解並走入當地生活。

就讓猶瑟成為開啟沙漠文化這扇大門的鑰匙吧！

我決定要猶瑟幫忙一起餵貓咪吃飯，希望讓他慢慢學習如何善待動物。

我請貝桑幫忙買雞肉，猶瑟卻不敢來，說來了一定會被我打。

隔了幾天，我要貝桑再試著找猶瑟過來。貝桑怕猶瑟不敢，給了他一塊餅乾，要他拿給我。等他鼓起勇氣拿來，我趁機和善地問他要不要一起餵貓。孩子就是孩子，猶瑟沒想太多，開心地答應。

我示範如何把撕好的肉條放在手心上讓貓咪過來吃，再把一整碗肉條交給他。小小貓西蒙聰明機伶到不可思議！牠原本興奮地在我腳邊繞，等著吃飯，一看到猶瑟，全身立刻拱了起來，還發出威脅的聲音，接著馬上躲起來，貝桑把肉條拿到牠嘴邊都臭著臉不肯吃。最後只有小母貓開心吃掉了猶瑟手上的肉條。

我對猶瑟說：「這隻小母貓是你抓來的，所以她是你妹妹，你叫猶瑟，她叫猶喜，你要好好照顧她，一個真正的好男孩會善待動物。」待猶喜吃完飯，貝桑帶猶瑟去洗手，我賞他一塊巧克力餅乾，獎勵他照顧貓咪的表現。

過了幾天，我們進城採購建造民宿的建材，我花了好多時間在市集尋找給猶瑟的禮物。沙漠玩具選擇少，最後挑了顆足球。

回到村裡，我把球給猶瑟，稱讚他工作與照顧貓咪的能力，告訴他如果願意在我回台灣時幫忙照顧貓咪，每天看看貓咪吃了沒、喝了沒，有其他小朋友想欺負貓咪時用男孩的力量保護貓咪，等我回來會買一輛腳踏車謝謝他。我委託他，因為他善良又強壯。

猶瑟興奮又害羞地猛點頭，笑得開心極了！他一直很想要一輛屬於自己的腳踏車，直說他會好好照顧貓咪。

過了幾天，中午時分，年約三歲的大哥長女絲瑪與三哥長女涵涵手牽手來找我要糖果，貝桑對她們說不可以，兩個小女孩仍愛嬌地賴在房裡不走。不久，她們發現了我煮好放桌上的義大利麵條，爭先恐後用手抓起來就吃，麵條掉滿地。我用湯匙和叉子餵她們吃完那碗麵後，兩人開始抓掉在地上的麵條，邊放進嘴裡邊發出怪獸的聲音，玩了起來。

我還來不及出聲阻止，猶瑟在門外看到，馬上衝進來，帶著「紳士的微笑」主動幫忙撿麵條。我好訝異也好開心他改變得如此快！之後，我帶他洗手，不斷稱讚他，再給他幾顆糖果，他的笑容裡有一種「堂堂好男兒的自尊與驕傲」。兩個小女孩一見我拿出糖果自然吵著要，我只得各給一顆，心想猶瑟一定有看見我給他的糖果比較多。

過幾天，我們訂購的彈簧床送抵民宿，安置妥當後，孩子們好奇地來看這個他們家裡沒有的東西。我叫猶瑟坐上彈簧床試試，他非常開心，一個不小心，髒髒的腳跨到了枕頭。我說不行，他嚇得馬上要跳下床。我比手畫腳說明「靠枕是用來放頭的，腳不行上來」，他很快懂了，知道我不是生他氣。

絲瑪和涵涵玩著玩著，也把腳放上了枕頭，猶瑟馬上一把推開小女孩說不行。我對猶瑟說「不需要動粗」，拿了一個枕頭給他，我拿另一個，要他和我一起把枕頭收進櫃子。貝媽進來後他還對阿嬤解釋：「枕頭是用來放頭不是放腳的，所以要收起來。」

有天傍晚，猶瑟跳上矮牆，蹲在房間的對外窗上叫我，用童稚可愛的聲音認真地跟我說了一大串，我全部聽不懂，但感覺得出來結尾是問句，夾雜「腳踏車」這個單字。我明白他的意思，簡潔地說：「西蒙！猶喜！腳踏車！」他說聲「好！」便安心地跑走了。

二〇一五年正式回沙漠定居時，我在沉重的行李裡放入了幾本為孩子們準備的童書，只因M對我說：「妳以為妳是執行沙漠計畫的人？其實是播種與耕耘者。即便現今還在摸索，就要有傳承的觀念。每一步都需思考到能否傳承。不然只會是個人、單一家族的夢與營生之事，不會產生真實的影響力。把傳承放在心中，以此為出發點，妳會更踏實，做出正確的判斷。如同妳曾學習的舞樂，傳承帶來力量，是地球生命重要之事。那是扎根與尋根，即便行於沙中、水上，根扎於心，此為靈性教育，傳承給活在那裡以及所有產生連結的人。」

我生性孤僻，對獨處有重度需求，看到人群就想躲，偏偏一走入這個人丁興旺的大家族，所有人都會熱情地輪流來找我，讓我的時間飽受切割，天天忙得不可開交。比如貝爸每天都來找我兩三次，有時也沒幹嘛，就只是想來看看。我通常會煮個茶或打個果汁，他老人家就超滿足，非常開心！

家族小孩同樣喜歡來找我，有得吃、有得玩，還有得拿。涵涵每天必來找我玩，穆罕默德和猶瑟每天溜過來看看有沒有「工作機會」，就連猶瑟的弟弟哈利生病都哭著要二嫂帶他來找我要餅乾，堅持只要吃完我的餅乾，他的病就會好。

與孩子們的距離迅速拉近後，我試著把書籍帶進他們的世界，也很快看見了改變。我並未刻意安排閱讀活動，只是讓孩子看見我會讀書。透過引導與親身示範，孩子們慢慢發現，書本一打開，裡頭可能有著千變萬化的世界，也學會了輕輕翻書，溫柔對待。

可以說，我是第一個真正把書本帶進這個貝都因家族的人。老宅屋簷下，一本完整的書都沒有，畢竟孩子的父母剛脫離遊牧生活，大字不識一個，自己都無法閱讀，更不可能帶著孩子讀書。我講台灣帶來的繪本《和平樹：一則來自非洲的真實故事》給穆罕默德與猶瑟聽，幾天後便看見猶瑟摟著涵涵，自動自發地捧著繪本，即便看不懂上頭的中文字，卻已將我說的非洲種樹故事牢記腦海，開心地轉述。

有天晚上，穆罕默德與猶瑟又跑來找我玩，沙漠小孩擅長手作與勞動，純知識性的東西相對缺乏，我心想或許可從他們習慣也相對接受的「手作」為切入點，慢慢帶出新格局，拿出從台灣帶來的兒童勞作書，三個人一塊兒嘗試。這才發現書裡的練習比想像中難，所需材料如色紙、剪刀與檯燈，沙漠全買不到。

在撒哈拉，教育資源的缺乏不單是「學校有無」，而是整個內容與質地。

孩子待在學校的時間很短，回到家，本身未受完整教育的父母不可能督促或協助孩子的課業學習，晚上的家庭活動往往是窩在一起看電視。由於孩子的主要照顧者依然是母親，但許多撒哈拉女性本身就未完成基礎教育，沒有意識與能力在課業上給予更多協助與資源，以至於好多孩子彷彿「野生的」。不難想像為何許多沙漠年輕人即使完成了基礎教育，阿拉伯語聽說讀寫能力依然欠佳，遑論其他。一旦知識根基薄弱，在現今的世代與大環境中，自然難以翻轉在底層掙扎的命運。

摩洛哥國民教育概況同樣一定程度反映了這種城鄉與貧富差距。摩洛哥基礎教育為九年，分為六年小學與三年中學兩個階段，偏鄉亦設有小學，大學學費負擔雖不高，但校園集中在都市，多少反映了城鄉差距。

摩洛哥社會中，社經地位較高的家庭相對較重視教育，除了校園正規課程，不乏將孩子送至私人機構上課的家長。若經濟條件許可，有些家庭會在孩子完成中學或高等教育後，送孩子去歐洲讀書，尤其以西班牙與法國為主。我在法國求學時，身邊不少摩洛哥裔移民便是在十幾歲年紀來讀中學或大學，畢業後留在法國發展。

沙漠狀況遠非如此。不少遊牧民族皆為文盲，貝爸貝媽那一代至今無法理解教育的重要性，雖認為孫子們應該好好上學讀書，對於「失學」將如何影響未來發展，只有極模糊的理解，畢竟遊牧民族世代以牧羊維生，無須上學亦能在沙漠生存。

到了貝桑這代，整體環境與遊牧時代截然不同，益發真切感受到若未能獲得完好教育，更難擁有良好的發展機會。四哥這輩子從沒上過一天學，大字不識一個，雖然聰穎勤奮卻長年發展受限，直到沙漠觀光蒸蒸日上，才因成功投資帳篷營區而翻轉貧窮命運，卻也因文盲無法自行處理訂單，得雇用受過良好教育者代勞。

由於對失學而來的種種限制有著切身之痛，大嫂死命叮嚀孩子乖乖讀書，三哥亦期許小孩能完成良好教育。在沙漠觀光為梅如卡帶來較豐厚收入的二〇一九年，有些家長甚至捨得花錢請老師為孩子課輔。然而，孩子完成基礎教育後，若有意願升學，原生家庭雖不致於反對，但未必願意提供足夠的支援。

另一方面，雖然梅如卡早設有幼稚園與小學，沙丘群後方仍然散落著幾戶居住在帳篷裡的遊牧民族，生養眾多，由於無力負擔孩子前來梅如卡就學的基本開銷，甚至不認為上學是件重要的事，讓孩子們就此與學校絕緣。當地政府即便知情，仍不會以強制性方式，迫使父母設法讓小孩入學。

我所知悉的其中一戶遊牧人家，父親娶了三個老婆，陸續生了十個以上的孩子，最大的是個女孩，到了入學年紀時為了讀書，曾經短暫居住在梅如卡親戚家，可是過了一學期就返回荒漠裡的帳篷，輟學了。我詢問原因，父母不願詳答，大抵孩子上學的支出對他們來說，沉重得難以負擔，且女孩不喜歡離開家人。不幸的是，這只念了一學期便輟學的女孩，同時也是家中十幾個孩子裡，唯一曾經踏入校園的那個。

有回我送了他們幾套文具，孩子們根本不知道「筆」是什麼，該如何使用，一見是「城裡來的漂亮東西」，當場搶成一團，一拿到便往嘴裡塞，發現沒有糖果餅乾的甜味便吐了出來，不一會兒文具便被粗暴地折斷，讓人親眼目睹嶄新文具如何在短短幾分鐘內，化作躺在荒漠的垃圾。

類似情況在荒漠比比皆是，許多遊牧民族小孩今生幾乎與學校無緣。

總的來說，沙漠中人對教育的期許，主要仍在希望有助於改善經濟條件，例如獲得收入穩定的工作。然而，教育程度與畢業後的發展未必成正比。貝桑身邊不乏受過良好教育的年輕親族，大學畢業多年，在城裡求職處處碰壁，返回沙漠也無法接受牽駱駝或打雜等體力活，卻又找不到更好的工作，終日賦閒在家。

大哥長子薩伊是個有趣的例子，小時便展現了發明與修理機械的天賦，在校成績亦佳，大哥大嫂都希望他繼續念書。薩伊上國中那年，我問他未來的志願，心中預設答案是工程師或發明家，但他回答「黑手」。是的，一個擅長修理機械且具創意的孩子在沙漠，夢想中最好的出路是實用性且已經存在於沙漠的工作。

進入國二，薩伊因不喜歡學校課程而休了學，讓大嫂非常失望，但他不以為意，「我們學校一半同學都沒畢業」。幾年後，他果真當起了修車黑手，也很快因沙漠觀光盛行，不時有歐洲年輕人騎摩托車前來探險而形成龐大商機，讓他的修車行收入極豐，有時西班牙賽車隊需要黑手沿途修車，他隨隊外出上工，不僅薪水優渥，還能免費環遊摩洛哥。

女孩子的情況又不同。

迄今為止，沙漠女性的生命價值不由教育程度或世俗成就決定，依然以生兒育女為最高價值。沙漠裡的女孩子多半能夠完成基礎教育，卻極少在成年後真正走入職場，而是在家分擔母親及嫂嫂們的勞務，直至走入婚姻。也就是說，即便教育程度已不同，如今的沙漠年輕女性依然遵循與母親甚至祖母那一輩相同的生命價值。

貝桑有個姪女法律系一畢業旋即走入婚姻，丈夫為族內人，年紀大她十幾歲，婚姻由雙方父母決定，婚前兩人並不相識。男方學歷雖僅小學畢業，卻沒有任何人覺得男方配不上女方，因男方家族在旅遊業發展良好，且男方有穩定的工作。

有趣的是，正因沙漠中人不甚重視教育，且男性須承擔養家重擔，在政府開辦的掃盲識字班裡，學生以女性居多，因為女性才有時間去上課。

沙漠生活依舊遵循傳統價值與舊有模式，女性所受教育較未呈現在自身命運的改變，而是小孩子的教育上。女性受過的教育愈高，將來愈有能力指導小孩的學校功課。

漸漸地，每天的早餐與下午茶成了我在互動中「教育」孩子們的機會。家族每個人都說，皮小孩們因為我而愈來愈「有教養」，猶瑟的改變尤其明顯。

每當大人命令猶瑟幫忙做事，他總不情不願地扭來扭去，幫我工作就不一樣了，不僅做事勤奮，甚至還會主動提供服務。那晚貝桑友人來訪，我準備了茶壺、茶葉和糖磚要讓男人們煮茶，猶瑟一看我端出茶具卻沒桌子可放，馬上鑽進民宿庭院那頂傾倒的帳篷挖出小鐵桌，興沖沖地拿給我。

我會強烈且直接給予肯定和鼓勵，也會因為孩子的勞動與付出邀請他們喝下午茶或吃早餐。對孩子們來說，吃到平時家裡吃不到的豐盛餐點（雖然不過是水煮蛋、牛奶和法國笑牛迷你起司乾酪，或是甜點與花生）固然開心，更愉悅的是能和我們一起工作、共食，還會被稱讚與鼓勵。

我不太帶著教育目的和孩子們相處，更多的是分享，視他們是和自己一樣的獨立個體。我只是比較早來到地球，幸運地在資源相對富裕的地方出生、成長、接受教育，單純真心地想把我所知的、外面的種種和他們分享。我並不是期望孩子們將來出人頭地，卻希望他們活得有尊嚴，對自己的人生有選擇。

面對大環境，無論是自然與人文各方面，人可以做的事情真的很少，雖然我愈來愈清楚孩子與教育確實是未來的希望，教育資源在沙漠又是如何匱乏，但還是得試著去做，才能保有那麼一絲絲不同可能性與希望。

我對孩子的好，孩子們是知道的。猶瑟還算聽我的話，因為我很鼓勵他，有些被視為猴小孩的行為，在我眼中是力量、是飛翔、是爆發、是原創。我還用相機捕捉他從帳篷頂跳下來，在空中如鳥兒展翅的瞬間，告訴他：「瞧！你真的很讚！」

有一回，我包庇他和穆罕默德在民宿玩耍不被貝桑發現，待他們玩得盡興要回家了，離去前幫忙收拾房間，猶瑟奮力地把沉重的金杯鼓（djembe）收進鼓袋中，我謝謝他，他純真可愛地回：「我要謝謝妳！可是我沒有要謝謝穆罕默德！」還連說好幾次以示強調，剎時真讓人被這皮小孩給感動到……

我更渴望與孩子們分享的，是沙漠的人文地理。

每回與貝桑繞著沙丘分送物資給弱勢遊牧民族人家，我總要求帶上穆罕默德與猶瑟，目的並非帶他們出去玩，而是想讓不曾離開綠洲的他們也有機會往沙丘後方走走，看看他們的祖父母與父母出生、長大與生活的地方，看看在沙漠不同的生活與那裡的人，以及沙漠不同的自然景致。

沙漠之旅永遠讓孩子們開心。

猶瑟尤其瘋狂，一下車就迫不及待衝上沙丘，翻跟斗、跳躍、吼叫，玩得不亦樂乎！陪著我們一起分送物資，見著與自己同齡卻極度貧困的遊牧兒童們赤腳在大太陽底下向我們兜售媽媽的手作品。我不知道兩個小男孩的感受，但能讓他們多些見識，總是好的。

「你們喜歡沙漠嗎？」兩個小子猛點頭。

「你們想在這裡生活嗎？」

「來玩可以，但是不想住這裡！」

「可是這裡才是真正的沙漠啊！」我說，兩人還是猛搖頭。

回到老宅，大嫂和二嫂謝謝我帶他們出去，我笑笑，沒多說。之於我，這遠非單純出遊，而是「教育」的一部分。無論將來他們走上什麼樣的路，至少都要知道家族來自什麼樣的地方，活過什麼樣的生活，走過什麼樣的路，以及那裡有著什麼樣的人。

許久前，M曾跟我說，我必須與「人」在「人心」上工作，若「人」沒有改變，無論我現在為沙漠做了什麼，都不會長久，而我試著將綠的希望種入孩子心裡。

自二〇一四年透過臉書號召台灣朋友加入沙漠種樹的行動後，二〇一五年、二〇一六年，一有機會，我們就帶孩子們去看棕櫚樹苗，一再解釋為什麼種樹。

一回，在棕櫚樹苗前，我對穆罕默德與猶瑟說：「這些樹都是台灣朋友贊助的，是為了綠化沙漠而種的，是給撒哈拉的禮物，讓人和動物都有東西可以吃，有樹蔭可以乘涼，這些樹不砍不賣。等哪天我死了，你們要繼續替我照顧這些樹。」猶瑟快樂地點頭，穆罕默德則情感受傷地說我不會死的。

隔一陣子再訪，我問猶瑟我們為什麼種樹，他快樂地回答：「我知道！等妳死了，換我繼續種！」

不久，孩子們自動自發在民宿院子裡種下了小小棕櫚樹苗，每天都跑來關心自己親手開闢的園圃，還把壞掉的蓮蓬頭和寶特瓶組合起來變成澆水器，開心興奮地為樹苗灑水。我樂觀其成，希望他們在照顧綠色生命中獲得快樂與成就感。

如今回顧回沙漠這些年，家族所有成員都知道我相當在乎動物、植物、庭院和樹，但不是每個人都願意幫忙照顧這些「非人類」，三哥大女兒涵涵幾乎是唯一例外。

打從她七歲起，一遇到雨後野地裡冒出的新生綠芽便主動挖起來，小心翼翼地捧在小小的手心上給我，讓我種在民宿院子裡。吃西瓜、甜瓜、南瓜、杏桃和椰棗，她會細心留下種子，蒐集在向媽媽要來的空罐內，讓我灑在院子裡；春天綠洲花開，她會奮力為我採下以她小小身高所能摘取的那朵最美的花兒，好讓我電腦桌上也能有盛開的燦爛。

每次要去灌溉老樹旁的樹苗，我常要求貝桑帶上家族小孩。貝桑嫌麻煩，我說，沙漠是你們貝都因人的「根」，生活形態改變後，光你們家族，對沙漠的熟悉與掌握已經一代不如一代。貝爸很清楚沙漠野生植物長在哪裡、如何當成藥物使用，你們對沙漠藥用植物卻所知甚少，孩子們對沙漠的山形、地勢和水源分布的知悉又遠不如你們，如果再不帶他們去沙漠走走，將來孩子們或許依然在沙漠生活，沙漠真實豐富的樣貌卻離他們很遠。忘了「根」的貝都因人，將是精神上的流離失所。

貝桑同意，只想帶穆罕默德和猶瑟，我堅持涵涵也要去，因為女孩同樣有權利「受教育」。

到了老樹那兒，孩子們勤快地幫忙灌溉，一桶一桶地，我希望讓他們習慣照顧樹苗、護衛生命，為了地球與他們自己的未來。

環顧四周那因乾旱而廢耕的良田，一望無際，短短數十年，撒哈拉改變之大，令人瞠目結舌！孩子們的父執輩對沙漠熟悉依舊，知道發生了什麼事，孩子們卻懵懵懂懂。然而，未來是屬於孩子的，這幾代已經把地球環境搞得這麼糟，若我們還不為孩子與土地做些事，他們面對的，又將是什麼樣的未來？

我不免想著，更值得耕耘的綠意是在人的心裡，而不是某塊田地，孩子們可塑性尤強。我並沒有偉大志業需要孩子們繼承，我努力在沙漠做著所有我能做的，即使只是細節，只是小事，只是身邊這幾個孩子，潛移默化中，「教育」就是在那裡。若他們未來對綠色生命多些意識與愛，甚至自然而然地種植，我個人的努力便不全然是一場空。

除了在土地裡種下沙漠綠的希望，我盡力在孩子們的心底、腦裡及生命裡，儲存些許正向能量，願那是他們未來的儲糧。

複製

所有家族小孩裡，打一開始，最得我疼的莫過於三哥長女涵涵。

還是個小小孩便已展現美人胚子的質地，涵涵遺傳了三哥的鵝蛋臉、深邃五官與柔和線條，搭配三嫂圓圓亮亮的大眼睛，美得古典婉約卻又相當貝都因，天性甜美純真，善體人意，愛笑又愛撒嬌，非常討人喜歡。

涵涵很喜歡來找我玩，喜歡靜靜待在我身邊畫畫，畫好便開心地展示作品給我看，等待我必然的讚嘆。我們單獨相處時，涵涵很活潑，總帶著笑，叨叨絮絮說個不停，非常愛聊天也很幽默，會自己想笑話也很有想像力。她五歲那年，有次我送她一把傘，她打開傘躲在裡頭，說可以躲在裡面吃東西，說完自己咯咯咯地笑得好開心。

夏季，梅如卡全村投入沙浴生意，也有外地人來擺攤，到處兜售農產品。有天下午民宿只剩我和涵涵，一位衣衫襤褸的中年男子來兜售蜂蜜，我覺得是假蜜，他又開高價，示意不想買，男子開始跟我議價。見他獨自提著沉重的袋子在大太陽下兜售，真的很辛苦，我不想浪費彼此時間，要涵涵幫我對他說我先生不在，我不買，請他離開。沒想到不懂法文的涵涵還真懂了我的意思，帶著小女孩兒的傲嬌，抬起下巴對他說了兩句，面容滄桑的男子抬頭看看我，走出了大門，我進房拿了些零錢，追出去給他。待貝桑回來，我才知涵涵告訴對方：「你再不走，我要叫她丈夫回來揍你哦！」

二〇一六年初春，我慢慢感受到壓在這小女孩身上的某種欺侮。

一回，我趁難得進城買了個洋娃娃，特地以城裡的漂亮紙袋包成禮物送她。涵涵往常能得到的只有歐洲觀光客帶來「救濟」沙漠貧童的二手玩具，這是她第一次擁有一個全新的洋娃娃，開心極了。

不一會兒，大哥長女法蒂跑來要我也買個洋娃娃給她妹妹絲瑪，因為涵涵有，絲瑪當然也必須有。我面無表情地說：「應該叫你們的爸爸買，不是叫我。」法蒂愣住了，不知怎麼回話。

又過了一會兒，大哥么兒阿迪開始驕縱地哭鬧，法蒂要涵涵將洋娃娃從紙袋裡拿出來給阿迪玩，涵涵一聽都快哭了，搖頭不肯。我板著臉嚴肅地說，洋娃娃是我買給涵涵的，那是她的，如果誰想看、想玩，必須徵求涵涵同意，如果涵涵不肯，那就尊重涵涵的意願。

阿迪得不到洋娃娃，號啕大哭。在我的世界裡，從來沒有「會吵的孩子有糖吃」，當著所有孩子們的面，我大聲對涵涵說：「以後要是他們誰敢欺負妳，儘管跟我說，我幫妳出氣！」

不到一個月後某一天，我與貝桑正要帶孩子們去灌溉樹苗，出發前突然看到三嫂把在民宿牆邊和阿迪玩耍的涵涵叫回去，當場賞了她好幾個耳光，惡狠狠地痛罵她。小女孩嚇呆了，愣了好幾秒，瞪大眼睛，心碎地看著媽媽，一轉身趴在牆上嗚嗚咽咽地哭得肝腸寸斷。

我問三嫂涵涵做錯了什麼，三嫂並未清楚解釋，只聽得出來和穆罕默德、阿迪與猶瑟有關。

不一會我從穆罕默德口中得知，原來猶瑟偷騎阿迪的腳踏車，恰巧被涵涵撞見，跑去向穆罕默德告狀。穆罕默德衝過去搶回腳踏車並痛扁了猶瑟一頓，三嫂知道後，生氣地叫涵涵以後凡事閉嘴就好。

我心想，三嫂常說猶瑟欺負女兒涵涵，現在的行為卻和猶瑟沒兩樣。何況偷騎腳踏車的猶瑟被縱容，無辜誠實的涵涵卻被處罰，這算哪門子教育？

我氣得不讓猶瑟參加灌溉樹苗的行列，罔顧他遺憾惆悵的眼神，和貝桑帶著家族所有小孩往種樹的麥田走去。

看著勤奮灌溉棕櫚樹苗的眾人，我問自己可以為這件事做什麼？或者應該閉嘴，假裝沒事？畢竟連三嫂都不在乎這件事對涵涵可能造成的心理陰影。可一想到涵涵委屈無辜的淚水與趴在牆上傷心大哭的樣子，若袖手旁觀，那和讓我厭惡的「冷漠的大人」又有何不同？

想了想，我先上網查妥《古蘭經》關於偷竊的段落，平和地對貝桑說：「猶瑟真的不應該偷騎阿迪的腳踏車，我們必須幫助他走上伊斯蘭的正確道路，等一下回民宿你幫我跟他解釋《古蘭經》裡關於偷竊那一段。」貝桑馬上說好。

接著，我問穆罕默德會不會讀《古蘭經》，男孩自信驕傲地猛點頭。我對他說，涵涵因為猶瑟被媽媽打，我很傷心，想讓猶瑟知道對阿拉來說，偷竊是非常嚴重的錯誤，再問他願不願意幫我讀那段經文給猶瑟聽，穆罕默德開心說好。

快到家時，我看到猶瑟一個人騎著腳踏車在民宿前轉來轉去，背影滿是寂寞懊惱，還含情脈脈地往我們的方向看。

回到家，我要穆罕默德去找三嫂和涵涵，她們剛好不在。

不一會兒，猶瑟帶著尷尬的笑進來，我拿出《古蘭經》，要穆罕默德念第五章第三十八節：「偷盜的男女，你們當割去他們倆的手，以報他們倆的罪行，以示真主的懲戒。」念完之後，空氣瞬間凝結，房裡除了我之外，所有人都愣住了，我嗅到一絲驚恐的氣息。

我和氣地對猶瑟說：「所有你做的事，即使沒人知道，阿拉可是一切都看在眼裡，你自己好好想一想。我要你學阿拉伯拼音，不是要找你麻煩，你不是我兒子，即使我把你逼到會讀書識字，你以後長大賺錢，都不是孝敬我。但是如果你會閱讀，能像穆罕默德這樣自己讀《古蘭經》，才能走在朝向阿拉的正確道路，而不會墮落地獄之火。」猶瑟點點頭。

我問猶瑟：「你自己有腳踏車，為什麼要偷騎阿迪的車？」

猶瑟說：「我沒有偷，只是騎出去轉一圈。」

我說：「平常我一直教你拿我的東西之前要先問我，因為不問自取就是賊。你再想想《古蘭經》是怎麼懲罰偷竊的。」猶瑟沉默了。

我要猶瑟對阿迪、涵涵與三嫂道歉，他答應了，不一會兒又在穆罕默德慫恿下，向我道歉，我接受了。

三嫂來了，猶瑟頭低低地，很不好意思地說對不起，三嫂笑著訓了他一頓。穆罕默德拿《古蘭經》那段給三嫂看，她看了一下，又說了猶瑟一頓，猶瑟完全不敢回嘴。

穆罕默德對三嫂說，我看到涵涵被打很難過。三嫂跟我道歉，說她勞務太多太累，腦袋不知想什麼，當下竟然是把涵涵痛揍一頓。我心想：「有情緒就直接揍自己的女兒出氣，那妳應該跟自己的女兒道歉，怎麼會是跟我道歉呢。」

很快地，二嫂也來了，比手畫腳笑著說猶瑟就是不聽管教，我想她一定很高興終於出現一個人可以幫忙管兒子。

最後，涵涵帶著甜甜的笑回來了。我馬上要猶瑟跟涵涵道歉，涵涵本來不想理他，終究嘟著嘴，愛嬌地打了他肩兩下，這事就算過去了，呵，畢竟是孩子啊！

近身觀察孩子們之間的互動，可以看見當地文化與「人」的許多事。

我買了一盒樂高，原本設定對象是五歲上下的孩子，沒想到十一歲的大哥次子穆罕默德玩得最開心。那天上午，多達八個小孩同時湧進廚房玩樂高，吵得我受不了，一陣驅趕，只留下涵涵、穆罕默德、穆罕默德的妹妹絲瑪。不一會兒，穆罕默德十三歲的姊姊法蒂進來，穆罕默德馬上拉她一起玩。涵涵年紀小，反應慢，很快被排擠在外，落得只能看大哥三個小孩玩樂高的下場。又過一會兒，涵涵的弟弟艾明跑來，小孩再度高達五個。

忽然，涵涵帶著艾明走出廚房，樂高正式成為大哥三個小孩的專屬玩具。我問涵涵為什麼跑掉？原來穆罕默德嫌一歲半的艾明太小，叫他回家，涵涵不想讓弟弟獨自一個人，寧願放棄玩具，帶弟弟離開。

另一回，涵涵來找我畫畫，大哥四個小孩很快也來了，玩著畫著，突然有吵架聲。我一轉頭，看到絲瑪推涵涵一把，涵涵反抗地打回去，穆罕默德馬上爆打涵涵的頭，法蒂則惡狠狠地尖聲辱罵，就連最小的阿迪都趁機狂打涵涵。這種「圍毆」之下，我還來不及反應，涵涵便哭著回家找媽媽了。

只有涵涵與絲瑪這兩個同齡堂姊妹一起玩時，稍有衝突，大哥其他小孩同樣會聯手教訓涵涵。

涵涵曾對三嫂說喜歡獨自和我在一起，不喜歡還有其他小孩在。若有其他家族小孩在場，她便讓「觀看」成為參與的方式，默默把自己藏起來，在旁邊看別人玩，從小在「什麼都搶不過人家」的大家族環境中長大，自然不太會去爭奪。

這當然和家族小孩間的權力關係及互動模式有關，也讓我看到手足血緣關係依然是最大的力量。

大哥長年利用家族各種資源養自己的小孩，小孩確實已成最大資產，人多勢眾到了已能成功排擠他人、獨占資源的程度。大哥大嫂和六個小孩組成了一個凝聚力極強且聯手對外的家庭，因為孩子生得多又生得早，當家族所有小孩共同生活時，互動可以非常殘酷，例如大欺小，大哥的小孩們聯手圍毆二哥或三哥較為年幼的孩子。

另一方面，孩子們大抵複製大人行徑，大哥的性格霸道粗蠻，默不作聲地霸占許多家族資源，小孩基本上承襲他的性格與模式。

與之相反，同樣是複製，貝桑堂哥卜拉辛個性溫和又負責任，相當照顧手足，親弟弟結婚後亦與家族同住，也很快有了自己的女兒，而卜拉辛兩個兒子對小堂妹寵愛有加，就像卜拉辛對自己弟妹的疼愛呵護一般。

二〇二〇年六月由於民宿整修，我借住三哥的房子。傍晚，涵涵帶著一盒漂亮的水彩來找我，說是大舅卜拉辛在里桑尼市集買的，她想在我這裡畫畫。

不一會兒，大哥兩個女兒絲瑪與麗安也來了。由於沒有空白紙張，涵涵順手拿起乾掉的果核在上頭塗色，我順勢讓孩子們看網路上的石頭彩繪照片。三個小女孩受到鼓勵，頂著大太陽認真地到處撿石頭，不一會兒就揹著石頭和水彩來找我。我讓她們先用刷子將石頭一顆顆洗淨，等晾乾時請她們喝汽水，吃餅乾。

很快地，大哥么兒阿迪吵著要進來，但我想給女孩兒一個安靜作畫的空間，兩個姊姊卻不忍心，求我破例讓他進來。這下可好，猶瑟的弟弟、二哥么兒哈利吵著也要加入。正當整個氣氛愈來愈混亂，穆罕默德和猶瑟也跑來了，情勢自此失控！

貝都因傳統極度男尊女卑，長幼有序，重排行，穆罕默德是眼下年紀最大的孩子，又是大哥次子，一進來就很自然拿起畫筆沾顏料，在女孩們辛苦撿來並小心翼翼刷洗乾淨的石頭上作畫。猶瑟有樣學樣，僅有的兩支畫筆便落入兩個年紀最大的男孩手裡。

我轉頭一看，嘿，三個小女孩怎麼自動自發在廚房打掃，還樂在其中！男性掌有資源與話語權，女性從事家庭勞務的傳統性別分工，在不到十歲的孩子身上，毫無困難地上演。

帶著近乎絕望的心情，我問穆罕默德村裡是否買得到畫筆，他們說可以，我拿錢要他們幫忙跑腿買筆，兩支畫筆就此落入阿迪和哈利這兩個較年幼的男孩手中，三個先來的女孩兒們依然沉浸於洗刷碗盤的歡樂之中。

不一會兒，穆罕默德和猶瑟回來了，我以為他們已經畫過一輪，畫夠了，想不到他們迅速拆封新買的畫筆，要用全新的畫筆再畫一次！

看著那盒被玩得亂七八糟的水彩，明知太遲，我依然背水一戰。從網路查調色盤的照片，對眼前四個男孩子說，顏料要放在像這樣的盤子，可以調色，而且不會弄髒顏料罐。他們一個個點頭。

哪知穆罕默德突然叫我，我一看，天哪，他把顏料罐裡每種顏色都挖了一大坨，胡亂放在盤子上，顏料全混在一起了。

瞧那大把大把將顏料挖出來揮灑的豪邁氣勢與兇殘手法，彷彿非得將這盒水彩玩到盡、玩到殘，我相信那當中有嫉妒，嫉妒涵涵有一盒所有小孩都沒有的水彩，以及玩弄權力（男掌權，女服從）的愉悅，尤其當水彩成了家族小孩的公共財，當然是盡量榨乾才不「虧本」。

果然，從廚房走出來的涵涵一看到水彩被男孩們玩得亂七八糟，幾乎是哭著說，顏料都沒了。讓人愈發絕望的是，罔顧我一再勸阻，眼前四個男孩依然既不沾水也不調色，將乾乾的畫筆直接伸到顏料罐裡面取色，挖出來，恣意塗抹在石頭或紙上，顏料當然一下子就用完了，每個罐子裡的顏色全部混在一起。

我很想問穆罕默德：「真的有必要嗎？你沒看到這一整盒快毀了嗎？你有因此而畫出好作品嗎？難道你真的不知道這種水彩沙漠買不到嗎？」

我對涵涵深感抱歉，如果不是她開心地拿水彩來給我看，我不會跟她說石頭彩繪，也不會有後續。我要涵涵請媽媽打電話給住里桑尼小城的大舅卜拉辛，說我要託他幫我買一盒同樣的水彩，外加調色盤。

涵涵緊張兮兮地問：「一盒夠嗎？要不要買兩盒？」

我點頭：「好，就買兩盒，之後放我這裡，想畫畫就來玩。」

這時，三嫂揹著新生兒扎卡來趕小孩回家吃飯，我說自己想請卜拉辛幫忙買水彩，三嫂一臉困惑。我說這盒水彩品質非常好，但被四個男孩子玩殘了，涵涵很傷心，我想再買一盒。涵涵馬上撒嬌地對媽媽說，她想要水彩畫畫。

三嫂說：「沒關係，水彩沒了就沒了。」

我說：「有關係！是我想要。」

三嫂笑了笑說，那盒水彩不是在沙漠買的，是去年聖誕節四哥的法國客人帶了很多禮物要送沙漠小朋友，算是度假兼做公益。四哥留了這盒水彩給家族小孩，被涵涵看到，死命跟四哥求來的，即使我願意花錢，在沙漠就是買不到一模一樣的。

我很難過，說小時候媽媽買了很多顏料畫具給我，對於喜歡畫畫的人來說，水彩沒了真的很傷心。三嫂說，那是台灣小孩生得少，沙漠小孩哪來玩畫的命……

雖然水彩是涵涵得到的禮物，但在這個家族共享、長幼有序且極度男尊女卑的貝都因傳統裡，當家族大男孩或小男孩濫用她的水彩，她沒有權利說不，甚至當她對媽媽說自己有多心疼，媽媽的反應都是不以為意，等同直接否定了孩子的感受。

在這樣的氛圍裡長大，自然而然地，有天孩子們也會跟自己心裡的真實感受疏離，不知道自己究竟要什麼，全然服膺於傳統要所有人走的那條共同道路。

我不怪三嫂，畢竟她也是這樣被教育出來的，也明白她完全不覺得一盒水彩一下子被男孩子摧毀殆盡有何好大驚小怪，心裡肯定覺得男孩做什麼都行，女孩必須服從聽話，也明白她不知道一盒水彩能讓孩子們做出什麼樣的作品，刺激想像力，培養美感與對顏色的敏銳度等，甚至單純作畫過程中的喜悅便已足夠。

一整個家族的大人不可能懂這些，畢竟他們的成長過程同樣不曾被細緻對待過。

那天晚上我對貝桑描述白天的事，說：「在你們貝都因傳統裡，很像男生想要什麼，哪管東西是誰的，女生就是得靠邊站。」貝桑從沒想過這問題，愣了一下，笑得很尷尬地點頭。

眼見沙漠根本買不到優質水彩，我託穆罕默德將村裡店鋪僅有的兩盒水彩餅都買回來，私下將其中一盒送給涵涵。

那天，涵涵和絲瑪來畫畫，不一會兒，穆罕默德來了，絲瑪不知對他說了什麼，兄妹倆低聲討論了一下，穆罕默德便要我將另一盒水彩餅拿出來給絲瑪用。涵涵以眼神示意我不要講實話，我隨口說送給了鄰居小孩。

一盒水彩餅夠兩個女孩共用，我不明白為什麼穆罕默德還要我拿出另一盒新的給絲瑪？當下的感受並不舒服。大哥的小孩總是技巧性地占盡資源，「用」了不夠，還要再「拿」，很多時候都是強奪他人資源進而浪費耗損，甚至摧毀破壞。

不一會兒，家族小孩再度在我家門口集合，吵著要畫畫。我忙著拿紙、換掉洗筆水，一轉身，絲瑪已占據最佳位置，整個水彩餅幾乎又是她和兩個親弟妹（阿迪與麗安）獨占。涵涵很識相地拿著挑好的石頭一個人靜靜坐到了旁邊去，不跟他們爭。

家族小孩間的資源分配與權力關係，完全複製了他們的父母，同時也是家族傳統的運作。大哥生前占盡家族資源給自己的妻兒獨享，他過世後，這套系統依然讓他的小孩們享有最大資源，甚至是特權。

涵涵從小就常被大哥小孩聯手搶奪資源，甚至因為抵抗而挨打，三嫂不會護著她，而是要她讓步、服從和「不計較」。

但她實在離水彩餅太遠了，問我可不可以給她一張紙，讓她把水彩塗在紙上，再塗到石頭上。我進廚房拿了一個白餐盤，用刀子切下一小塊水彩餅，放在餐盤上給她。

我動手切水彩餅時，小孩們驚呆了。一知道是要給涵涵，絲瑪身上隨即散發濃濃妒意，板著臉對涵涵說她只能再挑一個顏色。涵涵沒聽懂，絲瑪馬上傲慢地抬起下巴，豎起食指，近乎譴責地尖聲強調：「妳只能再要一個顏色！一個！」

我給了涵涵四個顏色，她開心地接了過去，絲瑪馬上說阿迪也要一個這樣的。我擺擺手說：「家裡沒餐盤了。」

孩子們繼續畫畫，絲瑪用整個身體與姿態霸占了水彩餅，就像穆罕默德技巧性地把涵涵排除在外一樣。

孩子們要喝水，我進廚房拿水和杯子。我聽到穆罕默德的聲音，又聽到絲瑪對他說話。不一會兒，穆罕默德拿著我給涵涵的餐盤，問我這是給涵涵的，還是給所有人的？我說是給涵涵一個人用的，因為她拿不到水彩餅。就為了這個涵涵獨享的餐盤，絲瑪真的是沒完沒了！可我不怪她，絲瑪從小得到的父母之愛與關注遠不如她實際所需。

一恍神，手邊兩個僅有的白餐盤已被絲瑪和麗安這對親姊妹聯手獨占，涵涵再度被排擠在外，我只好去拿廚房裡唯一一個裝水果的超大瓷盤給涵涵放水彩餅，這讓絲瑪和麗安兩姊妹嫉妒得不得了，我甚至在她們眼中看到憤恨怒火，扭曲了理應純真可愛的臉龐。

後來絲瑪看到我桌上有印度香，跟我要，我點頭，麗安也要了一根。絲瑪跟我要打火機，我說在廚房，涵涵直接拿桌上的打火機給她，讓她不用跑一趟廚房。然後，涵涵也想玩印度香，絲瑪卻不肯讓她用打火機，我只好去廚房拿另一個。

麗安向姊姊絲瑪吵著要打火機，絲瑪把手上的給了妹妹，再度跟我要打火機，我說我家只有兩個，絲瑪便想要涵涵手上的。哪來這麼霸道又沒禮貌的小孩？我當場阻止這種掠奪行為，絲瑪怒了，扭頭轉身帶著麗安離去，留下滿地狼藉。

涵涵叫我看，我這才發現，五管水彩至少有三管被她們兩姊妹榨到快乾了。這種幾乎搞破壞、充滿壓榨與毀滅性的玩法，簡直和穆罕默德一模一樣。

貝桑傾盡生命所有地維護傳統家族價值，在他眼中，家族成員全然聖潔無害，即使犯錯都可以被原諒，但涵涵和三嫂口中的家族大小事，與我自己的觀察與感受更吻合、更深入。

表面上，穆罕默德看似是個正直勤奮的好小孩，但多年相處與觀察下來，我慢慢以被傷害、遭受損失且相當不愉悅的方式，發現他的陰暗面，例如說謊、偷竊、惡霸、貪婪、自私、殘忍、欺負弱小、剝奪，甚至霸占所有資源給自己與弟妹們。

涵涵說，穆罕默德時常沉迷手機，有次他大哥薩伊氣到摔壞他的手機，他才稍稍克制，明明猶瑟和他感情最好，兩人無時無刻黏在一起，焦不離孟，但他從不肯把手機借猶瑟玩一下。涵涵覺得猶瑟很可憐，就向三嫂借手機給猶瑟玩。我問涵涵想不想要手機，涵涵單純又灑脫地說她沒有也沒關係呀，向爸媽借就好了，還說猶瑟對所有小孩都很好，不像穆罕默德會霸占玩具給自己的弟妹，其他人都沒得玩。

涵涵還說，大哥么兒阿迪有次用水果刀劃破二哥么兒哈利的眉尾，傷口很深，差一點點就劃到眼睛。三嫂很生氣，要處罰阿迪，大嫂馬上跳出來說不能打阿迪。三嫂說玩刀子太危險，萬一劃到脖子或其他地方還得了？兩人當場吵了起來，大嫂還叫三嫂不可以去她家。

至於二嫂呢，就只是躲到旁邊，緊緊抱著受傷且嚎啕不已的哈利，什麼都不說。行兇者阿迪則哭得比受傷的哈利還大聲，這樣他媽媽才會心疼，不然他就要挨揍了。

大嫂護子的非理性與家族成員的忍讓，連我都親眼目睹好幾次。

有一回，阿迪、麗安和艾明這三個六歲以下的幼童玩在一塊兒，爭先恐後要秀他們自己的厲害給我看。艾明遺傳了三哥的高個頭，雖然比阿迪小兩歲，卻比他高了些。

孩子們玩著玩著，難免彼此碰撞，艾明被阿迪撞到後，馬上充滿男子氣概地打回去，阿迪不服氣回打，兩個小男孩當場打了起來，麗安見自己哥哥被打，毫不猶豫地動手打艾明。眼見上演二打一，我叫他們統統不要打了，三個小毛頭卻戰得正火熱。

很快地，阿迪飛撲向媽媽懷裡，大嫂馬上抱住阿迪，保護意味不言可喻，接著她二話不說，隨手拿起拖鞋狠砸艾明。那神情與姿態完全不是「伯母教育姪子」，而是懲罰性地往死裡打，彷彿心裡有多少恨似的！三嫂坐在一旁，帶著微笑看著艾明被大嫂狠K。我震驚得不知該如何回應。

涵涵說，自從阿迪的爸爸「睡著了」，小姑姑就特別疼愛絲瑪、阿迪和麗安，對其他小孩置之不理，甚至態度惡劣，每回只要小孩間起衝突，哪管發生什麼事，錯的絕對不會是大哥小孩，以至於大哥最小的三個孩子愈來愈囂張跋扈，時常霸占所有玩具與零食，什麼都說是他們家的。我同樣發現絲瑪的妒意愈來愈濃，愈來愈不可一世，阿迪愈來愈草莽粗暴，麗安時常無來由地責怪涵涵，生著氣。

傳統權力、資源分配、性別角色，深深影響著這個家族的層層面面。

人際間的權力關係與位階多半由家族排行決定，長兄如父，長子掌有最大權力與資源，承擔最多家族責任，排行愈後面的小孩愈無話語權與決定權，甚至被期待自我犧牲來成就家族期許。

孩子們從小生活在這樣的集體意識與行為模式當中，自然而然複製大人之間的互動與對待模式，視之習以為常，若有小孩試圖反抗就會被訓斥與壓抑，馴化成服從傳統價值的人。

光從小孩們如何完美複製眾人對大哥的敬畏與尊崇，即可見到傳統思維無處不在。大哥過世後，眾人深深同情大嫂與孩子們，再加上善待孤兒寡母才符合伊斯蘭教義，更讓這套行為模式愈加穩固。

近身觀察家族，尤其是孩子們的相處與互動，我發現鼓勵與肯定極少出現，命令與指使倒是不斷，言語（吵架）和肢體暴力（打架或體罰）不曾缺席。

父母和長輩並非不愛孩子，而是在滿足基本衣食住等生存需求後，似乎無法做得更多，無法真的將每個孩子的獨特性、差異性與個別需求看進眼裡，更不可能鼓勵孩子自我發展、表達自己的意見。

又由於孩子多，每個小孩從大人那兒分得的資源、愛、照顧、呵護與關注恐怕不敷成長所需，孩子多半是彼此作伴著長大，年紀較長者（尤以男性最明顯）往往以命令口氣指使較年幼者為其服務，後者多半不曾質疑地執行。即使偶爾遇到猶瑟這種會把不滿表現在臉上的，仍會臭著一張臉服從權威。所有年幼者為較長者做的任何服務全部是理所當然，不會得到一聲謝，更不用說因此獲得肯定與鼓勵。

貝桑成長時的家族與氛圍並無不同，相處模式同樣是長兄如父、上對下階級分明、面對權威只能服從。當一個生性善良、軟弱且容易依賴的老么，成長期間不曾得到些許決定權，從來只能服從在兄長命令下，什麼事都跟著做，宛若小嘍囉一般，難怪長大後難有明確堅定的立場，容易因情感與親情而搖擺，不曾想過自己對人生與事業握有決定權，而且可以獨立做事。

我向來不怎喜歡阿迪，從小仗著大哥大嫂疼，只要他想要，沒有得不到，完全是個沒規矩沒家教欠扁的小霸王！就連他拿石頭砸我的小狐狸麥麥，下場都是我被大嫂趕出去而不是他被媽媽教育。直到大哥生病、過世，沒了靠山，他才慢慢收起小霸王氣勢。

面對阿迪的惡霸胡鬧，我從不假以辭色，這讓他對我有些畏懼，同時還想討好。與其說我討厭他，其實更是厭惡允許他作威作福的金孫特權。阿迪的「霸」就和大哥生前一模一樣，那份霸道穆罕默德身上同樣有，那是男性至上的父權傳統允許他們的。

這些年只要是我提供的玩具，便被家族小孩視為「公共財」，一下子就會被眾人玩殘玩盡，香消玉殞。只要穆罕默德在場，所有玩具他都享有優先使用權，他會與自己的弟妹分享，讓他的小跟班猶瑟分一杯羹，再技巧性地把涵涵排擠出去，搞到整個遊戲桌最後只剩下以穆罕默德為首的大哥小孩。

然而，穆罕默德做的，不過是貝都因傳統允許的。

我在穆罕默德的姿態與其他孩子們之間的權力關係裡，看到了四哥對待我的方式與態度。當我和貝桑好不容易蓋好民宿，四哥理所當然要來當老闆，以為可以不費吹灰之力得到一切，只因他是哥哥。四哥把貝桑當狗罵，順道也把我當狗罵，因為在貝都因家族傳統裡，老么的就是全家族的，女人的就是男人的。

模式

大哥次女絲瑪和三哥長女涵涵年齡相仿，堂姊妹從小在同個屋簷下一塊兒長大，關係微妙，如膠似漆卻也彼此競爭。

絲瑪天生心眼多，涵涵則純真無憂。隨著年齡增長，涵涵愈發討人喜歡，絲瑪則有一股若有若無的傲慢與濃濃妒意。絲瑪一定不知道自己時常暗自和他人競爭、比較，不自覺討好別人，不斷展現自己無與倫比的傑出卓越，而那其實都是「討愛」。

涵涵說，有時候絲瑪會突然生氣，沒來由地罵她。其實很久以前我就發現絲瑪會嫉妒涵涵，因為涵涵有爸媽疼。三哥是個溫柔顧家的好男人，三嫂在涵涵四、五歲時才生弟弟艾明，涵涵得到較多父母的愛與關注，天真爛漫，來自父母足夠的愛讓她自然而然懂得去愛身邊的人事物，臉上總帶著甜美的笑。

絲瑪運氣就沒那麼好，才一歲多，都還沒像個小小孩地被父母愛得足夠，弟弟阿迪就出生了，占據了媽媽的愛、關注、擁抱與乳房。不到兩年，么妹麗安緊接著來到，最小的女兒最有資格成天膩在媽媽身上，阿迪則是金孫，又是大哥最後一個兒子，永遠有特權，也擅長以激烈哭鬧取得自己想要的，這讓絲瑪像個影子似地活在閃耀的弟妹旁。

還很小，絲瑪就得幫大嫂打掃家務，照顧弟妹，以勞動付出來證明自己值得被愛。

大哥生前多數時間在外工作，無法陪伴在妻兒身邊，他一過世，絲瑪從此成了沒有爸爸可以依靠和撒嬌的孩子。

就我觀察，絲瑪在幼兒時期得到的資源與關愛恐怕是大哥六個小孩中最少的，我極少看到她哭鬧，或許是她知道即使哭鬧不休，都無法像金孫阿迪那樣如願以償。然而她腦袋好，聰明機靈，反應快，觀察與學習能力都強，較有自己的想法，卻反而讓她更不得家族大人的疼愛。

我常覺絲瑪的需求最被忽略，她也常把感受藏得比較深，以乖巧懂事換取大人的讚賞與疼愛，或是用傲慢、驕縱與優越感，掩飾安全感的缺乏與對愛的渴求。

絲瑪小時候有一回和哥哥穆罕默德一起來民宿打掃，我幫她穿上傳統服飾媚荷法（melhfa），喜出望外的她笑得開心又害羞，幾乎可用「受寵若驚」來形容，彷彿真的極少得到這樣的關注、愛與特別對待。

隨著父親驟逝且年齡漸長，絲瑪的聰明機伶逐漸轉為奸巧算計，愛耍心機，時常不可一世地用鼻孔看人，甚為可惜。

回沙漠這些年，所有人都知道我相當在乎動物和植物，卻不是人人都樂意幫忙。還記得二〇二〇年某個夏日傍晚，天地捲起一場猛烈的沙塵暴，我忙著關門關窗，涵涵大聲叫我才發現，一棵半年多前種下的小樹和支撐它的三根蘆葦一塊倒在地上。

我怕三根蘆葦的重量加上狂風會折斷整個樹幹，要涵涵先幫忙扶樹，讓我先解下蘆葦再把樹慢慢放倒。最詭異的是樹幹很軟，若無蘆葦支撐，即使沒有沙塵暴都無法挺立。

沙塵暴風勢猛烈，涵涵很努力幫我撐著樹，我跟她說把樹放倒沒關係，只要樹幹沒斷都不算有事，等貝桑晚上回來再處理。這善良的傻女孩卻不肯，堅持保護我在乎的樹。後來雙手扶得痠了，乾脆把頭靠在樹幹上，最後我說好說歹她才終於放手。

涵涵從小喜歡幫我打掃家務，甚至經驗老到地說：「打掃很累，可是有運動，晚上比較好睡。」

一回她熱情地想幫忙打掃房間，我不忍心讓小女孩失望，只好答應。整理時，涵涵指牆角的硬殼行李箱興奮地說她媽媽也有類似的，她好喜歡好喜歡，可是媽媽不肯給她。

等她回去，我突然想起自己似乎有一卡很少用的硬殼行李箱，還是少女最愛的粉紅色！特地跑回民宿找出來，清洗、晾乾，想送給她。

雖然無力撼動古板、陳腐、重輩分且男尊女卑的貝都因家族傳統，但我可以帶著愛，細緻地對待涵涵，讓這個可愛的小女孩兒因被看見、被愛、被善待，內在多些「底氣」，更有勇氣、更有力量，走她想要的人生路。

那天傍晚涵涵帶麗安來民宿散步，我示意她等一下自己一個人來找我，涵涵急忙搖頭，說如果被絲瑪或麗安發現就慘了。我很堅持，她才點頭。

後來經過一段驚心動魄的躲貓貓，涵涵終於成功甩開了其他人。我讓她看那卡行李箱，她驚豔地深吸一口氣！

知道是給她的禮物後，涵涵高興到快瘋掉，激動地謝謝我。我說希望她在學校好好讀書，她說之前上課覺得好無聊、想睡覺，現在有這麼好的禮物當獎勵，學習動力十足！

但是，該怎麼把行李箱帶回去才不會被其他小孩看到，吵翻天呢？

送禮物給涵涵必須暗中進行，絲瑪善妒，麗安則會吵著要，要買就得買三套，但我實在不喜歡見者有份，很容易讓小孩拿了禮物但不懂珍惜。

絲瑪很聰明，知道有時候她也有我送的禮物是託涵涵的福，即便擁有一模一樣的禮物看似讓她少一點點嫉妒，但那和「被真實地愛著」畢竟不同。

最誇張的是，連三嫂買衣服給自己女兒，都得同時買一件給絲瑪，避免爭執與衝突，但絲瑪不僅書包多、文具多，就連精緻新衣都很多！其中好幾件都是三嫂送的。在物質上，絲瑪擁有的比涵涵多上太多，不僅她大哥薩伊擅長掙錢，大嫂娘家心疼這幾個年幼失怙的孩子，只要進城載觀光客，回沙漠都會帶些虛榮小物給他們。

涵涵決定先回去告訴媽媽，晚一點讓媽媽來拿，就說是城裡娘家親戚送的，只給涵涵，合情合理。

好一會兒，三嫂終於來了。涵涵要媽媽繞遠路把行李箱偷渡回去，三嫂說會被發現，母女倆討論到最後，決定等三哥下班回來再來拿。三嫂的大哥卜拉辛在村裡開店，而且店鋪就在三哥店面旁邊，說是娘家人送的，要三哥帶回來，最沒有破綻。

我問涵涵，大嫂有沒有送過禮物給她或艾明？涵涵說完全沒有，還很兇地把他們趕出去。呵，我明明記得貝桑說過，驅趕兄弟小孩違背貝都因傳統，怎麼大嫂趕小孩趕得如此理所當然。

相對於無法接受如此人際關係與互動模式的我，三嫂倒是很豁達地說「沒關係！」，我也常在涵涵對麗安的細膩照顧裡，看到我沒有的肚量。

好比三哥三嫂家因為么兒扎卡的出生而忙碌時，逐漸長大的涵涵帶著麗安來找我玩，跟我借了白蚊帳要幫堂妹這「最佳玩具」打扮，還向我借化妝品。我給涵涵一管面霜，她細心地均勻塗抹在麗安臉上，拍照時還向我借一個白色包包，要讓麗安更漂亮。

貝都因家族女人之間，當女子出嫁，所有人圍聚一塊兒慶賀，將新嫁娘打扮成最美最美的樣子，這是她們「愛」的方式。不論是溫柔的傳統沙漠女子之愛、豁達的肚量，還是大哥家的孩子複製父親，孩子們統統看在眼裡，複製在自己生命裡。

七月的沙漠，白晝酷熱至極，傍晚氣溫稍降，涵涵和弟弟艾明來找我玩。

突然，艾明奮力追著一個騎腳踏車的小孩跑，現場一片混亂。涵涵對我解釋，家族每個小孩都有自己的腳踏車，只有她和艾明沒有，爸爸媽媽說家裡沒錢，有飯吃就要很高興了。

我很訝異，不知家族小孩的腳踏車從何而來。

涵涵如數家珍，二哥次子猶瑟的腳踏車是我送的，且是我和貝桑特地帶他進城挑的；二哥么兒哈利的車是二哥買的；大哥比較小的四個小孩的腳踏車全是大兒子薩伊想辦法弄來的。薩伊在家裡開了一家修車行，偶有報廢腳踏車，經過他巧手修補，讓自己每個弟妹統統有車。哇！穆罕默德、絲瑪、阿迪和麗安全是有車階級，一人一輛，在沙漠兒童界算是富豪等級了。

我問涵涵，既然薩伊那麼厲害，怎麼不修一輛腳踏車給你們？

涵涵搖頭說，完全不可能。

這倒是讓我想起一樁陳年往事。

我買過一輛兒童腳踏車給二哥么兒哈利，同齡的金孫阿迪非常羨慕，委屈巴巴地向大哥告狀說我只買給哈利，大哥竟然要我也買一輛給阿迪。覺得不可思議的我回答：「他是你兒子，你是他爸，你兒子想要腳踏車，要買也是你買，怎麼會叫我買？」

薩伊聽到了，沒說什麼，沒多久就弄來一輛二手腳踏車給阿迪耍威風。我買給哈利那輛呢，在穆罕默德、猶瑟與阿迪聯手摧殘下，不到一個月就報銷，那時的我以為是腳踏車太脆弱，此時才發覺腳踏車是死於人類小孩的妒意。

涵涵一再解釋艾明真的很想要一輛腳踏車，他拜託大哥的小孩借他玩一下下，沒人願意，他才追著鄰居小孩的腳踏車跑，不是故意壞壞地追車。

我問涵涵：「那妳想不想要腳踏車？」

涵涵點頭，說：「我也想要，但是爸爸媽媽沒錢。我沒有腳踏車沒關係，艾明有腳踏車就好了。」

想了想，我對她說，我住她爸爸的房子將近四個月，沒付房租，想送艾明腳踏車，謝謝他們爸媽慷慨相助。

兩姊弟一聽，高興得不得了！我對艾明說：「從今以後，你要乖乖聽媽媽的話，在學校要認真讀書。」他乖巧地點頭。

涵涵和艾明的大舅卜拉辛住里桑尼小城，我想請他直接在市集幫忙買腳踏車，涵涵卻說不行，媽媽不同意，不想讓我花錢。呵，沙漠很少有不讓外國人花錢的事，在三哥三嫂教育下，難怪涵涵這麼體貼懂事。

晚上，我跟貝桑說這件事，他同意了。

隔天早上，貝桑回老宅吃早餐，艾明挨到他身邊神祕兮兮地說：「我有一件事情想告訴你，但是我不能講。」

貝桑說：「我已經知道了。」

吃完早餐，兩姊弟熱情地跑來找我，慎重地說：「艾明想要一輛紅色腳踏車。」這孩子，期待得連顏色都挑好了呢！

涵涵希望我們帶他們進城挑，就像我們曾對猶瑟做的，我沒問題，貝桑卻不肯，說大哥小孩會嫉妒得吵成一團。

我非常不客氣地對他說：「你們常講的『邪惡之眼』其實就是嫉妒與惡意的負能量，如果大哥小孩總是善妒，那他們將來一個個都會是『邪惡之眼』，都是負能量的來源！你願意他們變成那樣嗎？」

貝桑嚇了一跳，他這輩子都不曾從這個角度想事情。

七月某天上午，涵涵和艾明來找我，我讓姊弟倆畫畫，涵涵很細心地教艾明怎麼使用畫具和水彩餅。我第一次覺得艾明沒那麼吵、沒那麼討厭，也忽然意識到艾明其實才五歲哩。因為他長得高，甚至比年長他三、四歲的阿迪還高，我常忘了他年紀還小。

很早以前我就發現了，家族小孩一大堆混在一起，自是弱肉強食，大的比強壯、比拳頭，小的比慘、比哭聲，只跟一兩個小孩單獨相處時，才有機會發現每個孩子的真實性格與感受。

兩姊弟剛來沒多久，絲瑪和阿迪就來敲門問我涵涵在不在？我只開個門縫，搖搖頭便把門關上，轉身叫躲起來的兩姊弟出來。

過一會兒，絲瑪和阿迪又來了，說他們要畫畫。我回答我忙工作，心裡很清楚他們是來找涵涵的，畫畫只是藉口。阿迪表情極度憤怒，宛如尋仇。

一會兒後，他們的妹妹麗安來找涵涵，我說我家沒人。

再過了一會兒，我竟從門縫看到他們姊弟三人坐在門口不遠處的矮牆上，打算等涵涵和艾明一走出去就活逮。

屋內，涵涵說阿迪已經看到他們來找我，我說這房子是三哥的，他們進來玩，天經地義。涵涵又說貝桑很疼阿迪，阿迪會跟貝桑告狀，到時候她會被罵，我要她放心，有我在，貝桑不敢怎樣。

雖然理解小孩之間會彼此競爭、嫉妒，我也的確打一開始就對涵涵多了很多善待。

但為什麼貝桑可以放肆寵溺阿迪，沒人有異議，我卻不能讓涵涵帶弟弟來玩？我實在不喜歡為了表面上的「公平」，每次都搞到家裡擠一堆小孩，吵吵鬧鬧，尤其接下來大哥的小孩就會聯手排擠他人，獨占資源。我拒絕跟著演同一套家族劇本。

我讓姊弟倆吃餅乾、喝牛奶，他們開心極了，涵涵細心地把餅乾一塊塊擺在盤子上，和弟弟一起享用，我則喝起了茶。正當享受著難得的寧靜愉悅時光，三嫂來敲門，涵涵和艾明就被媽媽趕回家了。

相當困惑的我不知三嫂為何突然出現。往門外一看，絲瑪、阿迪和麗安在不遠處幸災樂禍地笑著，顯然是他們跑去跟三嫂告狀。

瞧那三個小孩一臉詭計得逞的得意，我瞬間暴怒，衝出門朝他們破口大罵，還特地抬高音量。三人沒料到我如此激烈，嚇得趕緊跑回家，我故意追著他們跑，連番罵，就是要罵到連鄰居都聽到！

許久後我才知道，那天他們回老宅後，絲瑪質問涵涵為什麼她可以來找我，她自己卻不行？涵涵說不知道，絲瑪很生氣，穆罕默德就替絲瑪賞了涵涵好幾巴掌。

大哥家的小孩向來習慣以暴力、威權與團體作戰模式欺壓他人，程度之熟練，讓人瞠目結舌。

某次，大哥么兒阿迪打二哥么兒哈利，二哥次子猶瑟跳出來保護弟弟，推了阿迪一把，阿迪大哭。聽到弟弟哭聲，大哥長子薩伊馬上跑來狠狠賞了猶瑟好幾巴掌，大哥次子穆罕默德也跑來痛毆猶瑟。猶瑟被打得嚎啕大哭，二嫂看到兩個兒子都被大哥小孩欺負竟說沒關係，反而是三嫂很生氣，罵薩伊不該打猶瑟耳光。

如今已二十來歲的薩伊個子不高，外表斯文，講話柔柔的，笑起來溫溫的，一臉忠厚老實沒心機，氣質樣貌較似柔弱的大嫂，看似好相處，做事可靠，內底卻藏著大哥的霸道殘暴，是個毫不猶豫以男性暴力表達意志並展現威權的男子。

當年薩伊的修車店一開張，他便要弟弟穆罕默德幫忙打雜。一回，我們想帶穆罕默德和猶瑟繞去沙丘後方發放物資給貧困的遊牧民族人家，明明修車店裡沒什麼客人，薩伊卻要穆罕默德留在店裡待命。穆罕默德不聽，哭著跟大嫂爭取出遊機會，我遠遠看到薩伊取下腰間皮帶，一下又一下地往那時年僅十歲的穆罕默德身上抽，直到他同意乖乖待在店內。我想衝上去叫薩伊住手，在場數名圍觀的大人卻似乎認為薩伊做得對，包括大嫂。

大哥往生後，薩伊成了家中經濟支柱與掌舵者。大妹法蒂已進入青春期，不知從哪兒得到一支口紅，在家裡試著化妝，被他發現後狠狠挨了一頓揍，據說被揍得慘不忍睹，連二嫂和三嫂都看不下去，直呼過分。

那天晚上三嫂來找我聊天，難得有機會說上兩句，我秀手機裡小孩畫畫的照片讓她知道小孩在我這裡做什麼，好讓她安心。

我說，艾明也可以安靜專注地做一件事，前提是小孩不能多，三嫂點頭。

我接著說，涵涵溫柔善良，不喜歡跟人家爭，偏偏絲瑪善妒、攻擊性強，外加年紀更小的阿迪和麗安，吵得要命，涵涵一下子就被排擠了出去，真的很可惜。如果有安靜單純的環境與適恰引導，涵涵和艾明都可以好好學習，這也是為什麼當絲瑪耍詭計地破壞一切，我會氣得把她罵走。

三嫂點頭，謝謝我，沒說什麼，但我覺得她知道我為孩子們做的是好的，甚至是她很難做到的，例如不讓大嫂小孩為所欲為。

突然，三嫂冒出一句：「這個家族有很多問題，麻煩事不斷，我常常覺得很累，偶爾回娘家是我最開心、少數可以歇息的日子，終於不用再聽到那些繁雜事。」

三嫂讓我感覺到，她其實有很多的無能為力。傳統大家族的生活如此緊密，在這樣的人際關係架構下，無論發生什麼事，三嫂都很難真的跟大嫂對槓。傳統家族生活首重和諧——即使只是表面的——即使她不認同，甚至覺得受了委屈，都只能忍耐與接受。

然而，全天下沒哪個母親看到自己的心肝寶貝被欺負還能完全無感。

二〇二〇年春，摩洛哥因疫情而封城鎖國，觀光客自沙漠消失，梅如卡可說全村失業，是年七月，猶瑟被醫生診斷得了白內障。起因是他小時候參加親族婚禮瘋狂玩耍，調皮地玩弄一支生鏽鐵棍，不小心讓碎屑刺進眼裡，留下了病根。

小城醫生說，猶瑟已經十二歲，再不做手術，以後完全來不及。我一得知消息，馬上和貝桑開車載猶瑟與他舅舅前往菲斯（Fes）就醫。

行前，我、涵涵和艾明三個人說好，從菲斯回來時會帶一輛腳踏車給艾明，但這是祕密，不可以讓大哥小孩知道，以免他們吵鬧不休。

小孩哪守得住祕密！

我們才剛離開，艾明只要和阿迪吵架就會嗆聲：「適任會從菲斯帶腳踏車給我，我快要有車了！」讓大哥家的小孩氣成一團。

我們在菲斯時，艾明每天都要三哥來電關切他的腳踏車是否一切安好。返回沙漠途中休息吃飯，猶瑟竟然用貝桑的手機霸氣地對艾明說：「你的腳踏車我幫你帶回來了。」

等我們終於抵達沙漠，已過午夜。隔天早上七點剛過，熱情的艾明就牽著三哥和涵涵跑來看腳踏車——後面跟著阿迪。

艾明極度渴望看到他的腳踏車，阿迪卻跟前跟後，礙手礙腳。我乾脆趁三哥在場，請三哥幫我問阿迪，他們家的小孩是不是一人一輛腳踏車？阿迪不得不點頭。

我說，涵涵和艾明沒有腳踏車，三哥讓我借住他房子長達四個月，我想買禮物送艾明，回報三哥的慷慨相助，所以這輛腳踏車的主人是艾明，他不可以搶，不可以鬧。

阿迪委屈地問，那他的禮物呢？

我帶著笑容明快地回答：「沒有。」

阿迪說他有打電話跟貝桑說要一把大型玩具槍，我語氣輕鬆地說：「啊就沒買啊！」在大型超市看腳踏車時，貝桑的確說想買一把很貴的玩具槍，但我不想用我的血汗錢買戰爭玩具給霸道小孩逞兇鬥狠，誰都勉強不了我。

接著，我再一次對阿迪強調，腳踏車是艾明的，誰吵、誰鬧、誰破壞，就給我試試看！

我也對涵涵與艾明說，腳踏車是我買給你們的，如果有人想搶奪，你們一定要站出來捍衛自己的資產，如果對方太過分就來跟我說，我絕對不會放過。

涵涵和艾明從小被大哥家的小孩欺負，難得有人替他們伸張正義。講起絲瑪很怕我，涵涵高興得不得了，我卻覺得很無奈，小孩間的資源分配與權力關係真的是大人的複製。

我或許撼動不了傳統，但至少希望能給三哥的小孩一點點捍衛自身權益的勇氣和力量。

進入二〇二〇年後，我以愈來愈強硬的手段禁止家族小孩來民宿玩耍，只有涵涵和艾明是特許的例外。

沙漠盛夏，白晝極為酷熱，我總趁傍晚太陽下山，天黑之前，給民宿門口與院子裡的植物澆水。

涵涵來找我，看到我在菲斯大型超市買的園藝用小鏟子，不知道那是什麼，經我解釋，她自然而然地帶著趁機跟進來的艾明幫我把一棵植物種在民宿院子裡，堅持幫我分勞解憂。

不一會兒，我們把水管拉到民宿外，快樂地餵門前那幾棵樹喝水，艾明在門口寬敞空地騎腳踏車，還不忘變花樣，叫我給他鼓掌。

突然，涵涵看到大嫂遠遠地帶著絲瑪、阿迪和麗安走來，異常緊張，說如果被發現在我這裡玩，回去會被絲瑪罵，搞不好還會被穆罕默德打。她一說完就要衝到廚房，打算爬小窗戶逃回家。

我說她是在我家，我想讓誰進來就讓誰進來，叫她不要怕。如果絲瑪敢罵她，就像我一樣抬頭挺胸嗆回去！

涵涵依然害怕地說她被絲瑪看到了、死定了，之後一定會被絲瑪和穆罕默德修理。

我對涵涵說：「不准跑，跟我一起堂堂正正站在門口！」她非常為難，又怕回去被絲瑪罵，又怕跑掉我會生氣，不知所措地在原地跳跳跳。

時間拖延中，大嫂和兩個女人遠遠走了過去，接著阿迪衝了過來。

阿迪不爽艾明在我這裡玩，想加入，後面遠遠跟著很想過來但不敢過來的麗安，接著是絲瑪，如女王般高貴優雅地騎在自己的腳踏車上，不可一世地停在轉角，以傲慢的音調叫自己的弟妹回家，不然會被打，我趁機揮手叫阿迪乖乖聽話趕快回家。磨蹭了很久，阿迪和麗安終於不甘心地轉身離去。

那天晚上，涵涵陪我在廚房幫貓咪準備晚餐，突然聽到老宅傳來小孩的嚎啕大哭，哭得肝腸寸斷，哭得長長久久，滿腹委屈。

我們好奇地在窗口偷聽，原來是阿迪欺負一隻剛出生沒幾天的小羔羊，硬騎在羊身上，捉弄甚至莫名爆打小羊，三嫂制止他不聽，就被修理了。大嫂一貫地護著阿迪，心疼地直喊：「別打了，他只是個不懂事的孩子呀！」

事實上，絲瑪和阿迪的善妒愈形失控。

二〇二〇年疫情剛爆發，三哥在市集買了兩隻雞，放在羊圈和貝媽的羊群一起養。一天，三哥和貝媽進城參加親族婚禮，阿迪趁他們不在，慫恿哈利和他一起聯手扭斷了雞脖子，只因嫉妒艾明的爸爸有兩隻雞。

三哥回來後發現死雞，狠狠修理了他們一頓。大嫂不僅完全不責怪阿迪弄死小雞，造成他人財物損失，只心疼寶貝兒子被打。

二〇二一年齋戒月前，有輛陌生的吉普車不時停在民宿門口，有天一大早，我看見貝桑姪子伊斯邁開著那輛車，停好車後便離開。

等貝桑回來一問，原來伊斯邁剛買了一輛二手吉普車，台幣約三十萬，打算用來載觀光客、掙錢。伊斯邁之前曾短暫在四哥帳篷營區打工，不甚投入，常挨四哥責罵，加上年輕氣盛又有旺盛的企圖心與事業心，乾脆買車當司機，算是創了業，過兩天就要開回西撒過齋戒月。

我想起不過就兩三年前，我們的導覽較上軌道，若遇客人需要包車，我們會幫忙安排可靠的司機。那時伊斯邁厭倦了牧羊生活，父母又不支持他走觀光業，他的腦筋竟然動到我頭上，楚楚可憐對貝桑說他想改行當吉普車司機，好跟我們一起打拚，但他沒錢，希望貝桑能買車給他。

貝桑很愛家族，耳根子軟，心疼年輕姪子受苦，三兩下就被說動了，兩人打起電話，馬上就要去看車、選車、買車。

伊斯邁當然知道貝桑沒錢，寄望我出錢；貝桑慫恿我買車，說反正客人需要包車服務，買車也是種投資，可以賺更多。我心想，你們投資時都要我出錢，有賺時一毛都不會給我，便回答沒興趣。貝桑想跟我借，我說我沒錢。

即便如此，叔姪倆依舊興致勃勃要去看車，把整個氣氛炒熱到非買不可，彷彿如果我不肯出個幾十萬台幣讓伊斯邁買車，就是我心腸太壞不支持年輕人轉行創業，眼睜睜看著他繼續在沙漠熬著牧羊的苦日子。

我困惑極了，伊斯邁想改行當司機，儘管找他爸媽要錢，怎麼會找我。眼見貝桑一頭熱地想用我的錢解救姪子出苦海，我不得不私下找個機會，當面對伊斯邁說，貝桑沒錢買車，我也沒錢買車。這件事才終於告一段落。

沒幾年，遇上疫情，觀光業被打趴，不少吉普車司機紛紛賣車換現，伊斯邁突然拿出了一筆錢趁機撿便宜，外加找人架設網站，前後差不多花了台幣幾十萬。

後來才知道，原來伊斯邁交了一個年紀大他很多的西班牙女友，成功要到了一筆創業基金。

一如我所料，一旦有了車，伊斯邁就不太理會貝桑了。

反常地，極少出現的五哥突然走進民宿說要找伊斯邁，兩人在房間談了許久。五哥似乎試圖說服伊斯邁什麼，帶著叔叔威嚴地苦勸，我甚至從五哥語氣裡聽出了男性威權與壓迫的氣息，伊斯邁不太答話，感覺並不樂意，最後兩人同時離去。

傍晚涵涵告訴我，五哥會搭伊斯邁的便車去西撒過齋戒月。五哥來民宿就是特地來求伊斯邁帶他去，因為他從沒去過西撒。

呵，從梅如卡到阿尤恩，整整一千兩百多公里，五哥窮困潦倒得有口皆碑，這一路油錢和兩人食宿只會是伊斯邁買單，屆時住在伊斯邁父母家，更是一整個月的白吃白喝白住，畢竟依照熱情好客的貝都因傳統，哪有讓客人掏錢的道理。

那時我已談妥《沙漠化為一口井》出版事宜，伊斯邁恰巧就是要回西撒的阿尤恩，我想請他幫忙拍幾張阿尤恩市容照片，或許可用在書裡。我早在他們出發前便請貝桑轉告，伊斯邁滿口答應。

將近兩個月，我不時請貝桑提醒伊斯邁，電話那頭總是拍拍胸脯，打包票說這忙他一定幫，卻遲遲未付諸行動。果然，等他從阿尤恩回到梅如卡，兩手空空，一張照片都沒拍，甚至避不見面，就當沒這件事也沒我這人。

貝桑極疼伊斯邁，之前每到夏季我們前往海邊避暑，總讓他免費跟出來度假。在海城時，伊斯邁每天去漁市挑選不一樣的鮮魚再請餐館料理，理所當然讓我買單。可一旦他買了車，獨立了，自己當起老闆，就連貝桑想找他都難，更不用說幫我拍幾張照片了。

與家族相處，從來不是我不懂拒絕或立場不夠堅定，而是集體意識與家族習性不會改變。家族總是利用貝桑的慷慨善良，想辦法從我身上挖資源、撈好處，一旦有其他更好的出路，就不再搭理我們，也不會因為我們的付出而心生尊敬或情感，唯有貝桑活在某種「我的家庭真可愛而且大家都愛我」的虛妄幻想裡。

另一方面，家族模式的確始終不變：哪個稍稍有資源的冒出頭，馬上有人來蹭。伊斯邁一有車，就被五哥趁機索討了一趟免費長途旅行。

就像伊斯邁有了車就對貝桑愛理不理，那時接送大哥洗腎，貝桑多麼勤奮，如今大哥長子薩伊忙著修車發財，經由 Airbnb 平台不時成功出租屋舍，收入極佳，貝桑低聲下氣請薩伊協助他申請 Airbnb，薩伊一再推託，接著消失得無影無蹤。

想著貝桑往昔對伊斯邁與薩伊的愛與種種對待，M的話竟浮上心頭：「各種執著與欲望驅使人們行動著，像驢子般服務自己與親人的欲望，一旦失去能滿足欲望的功能後，同時也失去一切。」

慣竊

二〇一五年秋剛回沙漠定居時，大哥次子穆罕默德、二哥長子席德和次子猶瑟打著幫我打掃的名義，時常來民宿玩。

有天，我發現廚房食物消失了，懷疑是他們吃的，但因損失不大且沒有證據，只能聳聳肩算了，卻無奈地發現食物消失速度愈來愈快、愈來愈全面。

有一回，來住宿的摩洛哥客人將他們買的水蜜桃與葡萄等沙漠少見水果寄放民宿冰箱，準備離去卻發現水果整整少了三分之二！我和貝桑尷尬極了，直跟客人道歉，說可能是被小孩偷吃。客人笑說沒關係，小孩喜歡就讓他們吃好了。

待客人離去，貝桑馬上去老宅找穆罕默德和猶瑟算帳，兩人矢口否認，還說親眼目睹貝爸偷吃。我們苦無證據。

過了一陣子，有天貝桑和我外出回來，直覺有人來過民宿，院子裡好些物品移了位。我衝到廚房一看，櫃子裡的沙丁魚罐頭全部不見，流理台上散落數塊吃剩的麵包，那麵包一看就知道是家族女人手工烤的。我在廚房外的垃圾桶發現沙丁魚罐頭空罐，心裡突然閃過不祥預感，打開另一個櫃子，客人送我整整六大罐上等牛奶，不知何時全被喝完了！

我很生氣地對貝桑說：「我們家遭小偷了。」

家族所有人都把矛頭指向兩個男孩。貝媽一知道民宿廚房食物消失，第一句話就說肯定是他們偷吃。三嫂淡然又堅定地說只會是穆罕默德和猶瑟幹的好事，家族全見過他們從老宅爬牆進民宿，說是在玩，天曉得進民宿後幹了什麼。穆罕默德和猶瑟當晚被大嫂和二嫂痛扁，卻都說自己沒偷吃。

與貝桑討論後，我們認為必須找他們來問話。那是二〇一七年初，我第一次針對偷竊行為與他們對談。

穆罕默德終於被貝桑抓來民宿後，全盤否認。

我對穆罕默德說，因為他的聰明正直，所有小孩裡我最欣賞的就是他。我完全不在乎沙丁魚罐頭或乳酪或果醬，只希望他們走在正確的路上。如果他們真的吃了就老實承認，道歉，我會原諒他們。

貝桑愈來愈生氣，說他們如果想吃東西，可以開口跟我們要，但不能偷。

我問穆罕默德有沒有看到誰進來偷吃東西？他搖頭。

我說：「如果你堅持不是你們吃的，那我也信了，就不是你們吧，我沒有什麼好說的。但這也表示民宿長期遭小偷，我可能得去報警，請警察來幫忙抓小偷。」

他低下頭，不吭聲。我說：「冰箱東西不斷消失，廚房食物一直不見，我其實都知道，我可不是笨蛋。但是廚房東西被偷再多，我都不曾鎖上門，因為我相信你們，從來沒有哪一刻懷疑是你們偷吃。我真的很信任你們，也很喜歡你們，才會帶你們跑那麼多地方，才會讓你們表演打鼓給客人看。昨晚大家都說是你們偷吃的，我難過到睡不著，心都碎了。」

再一次和顏悅色詢問穆罕默德知不知道誰進來偷吃，他仍然搖頭。我說我真的很喜歡他，如果他知道就跟我說實話，我會原諒，他還是說沒吃而且什麼都不知道。

隔天，猶瑟倒是尷尬地笑著向二嫂承認，他們的確趁我們不在，偷偷翻牆進民宿把沙丁魚罐頭和牛奶一掃而盡，甚至還回家拿麵包來配沙丁魚吃。

我實在無法時時刻刻坐鎮民宿，穆罕默德和猶瑟卻不時溜進民宿，食物偷得一次比一次多，愈來愈誇張，直到被我發現，痛罵一頓，他們便稍稍收斂些，旋即再犯。

家族大人即便知情，多少認為那只是小孩調皮，來我家裡吃點東西沒關係，永遠以

「小孩不懂事」這句話結案。

更干擾我的是，這兩個小子不時爬上老宅屋頂，直直走到隔開民宿與老宅的圍牆並坐在上頭，讓圍牆消失於無形。讓我深深感受自身生活空間與隱私受到干擾，即便將門窗嚴密上鎖都無法阻止他們翻牆溜進來。

好幾次了，我走出房門，抬頭忽地看到穆罕默德高高坐在圍牆上朝民宿裡頭張望，嚇我好大一跳。問他為什麼坐在上頭，他笑笑，只說好玩，我卻隱約覺得事情不單純。

無論如何，我不愛被人坐在圍牆上觀望，數度和貝桑與家族說兩個男孩不該在屋頂與圍牆上走，太危險。家族大人管不動，寵溺地笑說，男孩們就是活潑調皮又身手矯健，沒啥大不了。

席德和猶瑟的行為向來偏差，二哥二嫂放任兒子們在外偷竊、說謊、逃學、打人、四處遊蕩。很早以前家族男人就跟我說，有時席德和猶瑟行為過度惡劣，他們想管教，二嫂還會心疼、不高興，大夥兒便隨這兩個作惡去了。猶瑟時常欺負涵涵，二嫂就當沒看見，讓三嫂氣急敗壞地追著猶瑟打。

二〇一八年夏，家族正緊鑼密鼓準備四哥婚禮，穆罕默德和猶瑟數度拿著相機與記憶卡來找我。大哥長子薩伊想在婚禮當天好好幫大家拍照留念，請我將記憶卡格式化，還要清除相機裡存的東西，他倆因而在我房間裡待了很久。

過了兩天，我把手邊一支閒置的舊手機給穆罕默德，算是安慰甫失去父親的他，鼓勵他好好讀書。

不久，穆罕默德和猶瑟又來找我，我直覺他們說好了要找機會跟我要東西。我桌上有一台舊型 Go Pro，穆罕默德趁我不注意拿起來把玩，還打開來看，問我是什麼？我趕緊請他放回去，說是朋友給的禮物。

不一會兒，穆罕默德竟然取出了裡面的記憶卡。我嚇了一跳，趕緊拿回來並把記憶卡放回去，跟他說這東西很貴重脆弱，請勿觸碰，他面無表情。我把記憶卡放入電腦，播放 Go Pro 錄影片段，想以友善的方式讓他們明白 Go Pro 是什麼，以及我為什麼不希望他觸碰記憶卡。

又過了一會兒，我一轉頭，簡直無法相信自己的眼睛，記憶卡竟然又在穆罕默德手上！他似乎完全無法控制自己的行為，反覆將小小的記憶卡從 Go Pro 裡拿出來。

我按捺住脾氣，請他住手，以免把機器弄壞。猶瑟問我記憶卡可不可以給穆罕默德，我說不行，我只有這一個。

話才剛說完就發現，記憶卡又在穆罕默德手上了，我乾脆直截了當問他是不是想要記憶卡，好用在我給他的舊手機裡？他點頭。

我直接拿錢給他，讓他去買一張新的。

穆罕默德一連串動作讓我非常不舒服，當他想要記憶卡，腦袋就只有這個意念，整個人彷彿完全受欲望驅使，著了魔般地將記憶卡從 Go Pro 裡不斷拿出來，即便我已經三令五申請他不要再碰，他仍充耳不聞。一旁的猶瑟則大敲邊鼓，畢竟如果穆罕默德如願，他也可以跟著玩，這種雨露均霑的家族團隊模式，我真的太熟悉了。

他倆一走，我如釋重負，很自然地走去廚房，卻驚訝地發現廚房窗戶大開，應該是穆罕默德和猶瑟直接爬窗戶回老宅。我忽有不祥預感，打開冰箱，果然，冰箱裡少了汽水、兩盒優酪乳和兩根香蕉。

我都待在家，不可能有誰進門卻渾然不知，更何況如果真是小偷爬牆爬窗進來，哪可能只偷汽水和香蕉？

愈想愈生氣的我打手機給貝桑確定他沒喝汽水，甚至不知道冰箱裡有香蕉，更肯定是穆罕默德和猶瑟吃的。

這時，廚房窗外傳來人聲，我打開窗，果然是他們，但兩人都否認偷吃，還說他們後來拿著記憶卡和薩伊的相機從大門離開，沒有爬窗，猶瑟甚至誣賴是貝媽偷吃的，就像之前誣賴貝爸偷吃民宿冰箱的食物一樣。最讓人無奈的是，三嫂聽後竟說沒關係。

小孩當賊，沒關係？

我想起前一天的事。冰箱裡一大瓶可樂，貝桑喝了三分之一，我放回冰箱，等這兩個傢伙來過，可樂只剩一小口！

天快黑時，我愈想愈怒，打開廚房窗戶，家族小孩全在那裡玩。我把猶瑟叫來再問了一次東西是不是他吃的，他搖頭。我說沒關係，我不知道是誰偷了食物，但是阿拉什麼都看見了、阿拉什麼都知道，我必須去警察局一趟，因為家裡遭小偷。猶瑟低下頭，依然說不是他拿的。

我也把穆罕默德叫來詢問，他依然面不改色地說不是他拿的。我說他要手機、要記憶卡，我沒拒絕過，只希望他同樣和善誠實地對待我，阿拉將一切看在眼裡，他在天堂的爸爸也看得到。

兩人依舊拒絕認錯，完全不當一回事，開心地和一大群來參加婚禮的親族小孩大玩特玩，全然不理會我的感受與憤怒。

大哥病重時，我被迫幫忙貝桑扛起家族重擔，M曾告訴我：「做妳想做、能做的，但如果不是真心的，那會成為妳內在的毒素，關係的毒藥。也需徹底明白自己所做為何，若沒有預期中的回報和感謝，是否會落入另一種痛苦。」

我從不奢望穆罕默德感謝我為他父親的付出，也不期望他長大後能夠回饋我，但我同樣料想不到，自己的善意、慷慨、信任與真誠祝福換來的，竟是他和猶瑟的無盡謊言與一再行竊。

我也不再期望家族因為這類事情、為「孩子們的教育」做些什麼，每個人都只想過寧靜快樂的日子。況且即使真是他們偷吃的又如何？小孩子不懂事嘛，不過就兩根香蕉和汽水，損失不大呀！

那是一種絕望後的認清現實。整個家族的行為模式就是如此，不管幹了什麼壞事，永遠可以往家族那兒躲藏、取暖，逃避負起應有責任。這種永遠有家族可以靠的模式讓貝桑至今缺乏健康成人該有的獨立自主與承擔能力，一旦穆罕默德和猶瑟不會因為自己錯誤行為受懲罰，胃口只會愈養愈大。

二〇一八年秋，艾德（伊斯邁的親哥哥）遠從阿尤恩前來探親，他和貝桑關係極好，住我們民宿時也會幫忙分擔工作。

那天傍晚，我、貝桑、艾德、穆罕默德與猶瑟一起到沙漠走走，還摘了野菜回來要給家族，五個人難得地一起度過了相當愉快的出遊時光。驅車回家途中，我想起冰箱空了，要貝桑帶我們去肉舖買雞肉給貓咪準備晚餐。車子一進村子，貝桑突然浪漫地說：「不然我們買一斤羊肉，一起到湖邊烤肉？」於是暮色之下，我們五人在湖邊烤肉，有說有笑有吃有喝，為一整天的出遊畫下美好句點。

哪知剛到家，穆罕默德和猶瑟竟然又跑來民宿！我在廚房忙著準備貓咪晚餐，沒空理會，只隱約覺得他倆神色詭異。

他們先玩貓，不一會兒貝桑出門。我一個人在廚房面對五隻喵喵要飯的貓咪，忙著切肉，穆罕默德跑來廚房說想上廁所，我叫他去用其中一間客房的，一轉頭發現猶瑟竟反常地坐在廚房門口，很像守著什麼。我問他在幹嘛？他乖巧又尷尬地笑著，說坐在這裡吹風比較舒服。我問他學校的事，他表示一切都好，不再答話。

我點點頭，回到流理台前，繼續準備貓咪晚餐，正切著肉，突然聽見艾德在罵人，伴隨著穆罕默德大叫，接著是猶瑟迅速朝民宿大門衝去的腳步聲，倉皇間還踢倒椅子。我聽到一連串奇怪聲響，根本還來不及反應，艾德已大步走進廚房，手裡拿著一把零錢和我的錢包。

原來穆罕默德藉口用廁所，偷溜進我的房間翻皮包偷錢，猶瑟負責站在廚房門口把風，監視我，一有動靜馬上通知穆罕默德。艾德出門前恰巧覺察到兩個小子鬼鬼祟祟，乾脆躲在暗處看他們到底玩什麼把戲，親眼目睹了穆罕默德偷我的錢，當場人贓俱獲！

艾德將此事告知家族所有人，貝媽非常生氣，要他們以後再也不許踏進民宿。大嫂剛好不在，三哥說等她回來，一定要讓她知道自己兒子幹的好事。貝桑又生氣又傷心，不知道該用什麼態度和他倆談。

這絕對不是穆罕默德和猶瑟第一次偷我錢，之前肯定成功了很多次，食髓知味，甚至發展出一個偷、一個把風的團隊模式，默契十足。我向來知道他們會趁幫忙打掃房間時偷摸東西回去，也好幾次發現皮包的錢異常短少，只是不願意懷疑任何人。我同時常覺奇怪，老宅明明就在隔壁，為什麼他們每次來民宿玩，不一會兒就跟我借廁所，有時甚至借完廁所馬上離去。

三哥說穆罕默德本來很乖巧聽話，是被鄰居小孩帶壞的。夏天沙浴季，他要穆罕默德到店裡幫忙，說好會給工資，但穆罕默德去了幾天就消失得無影無蹤。

貝桑說是大哥突然往生，穆罕默德沒人管，突然太自由才會幹蠢事。我不同意這種說法，畢竟他倆早有偷廚房東西吃的悠遠紀錄，死性不改且死不認錯。

兩個小慣竊從偷東西吃進化到偷錢，以前我會悲傷、失望、憤怒，覺得受傷、被背叛，畢竟我真的非常用心對待他們，這一次卻反而不如上次香蕉和汽水被偷那麼生氣，因為我對他們沒有期望了，也沒有太多感情，甚至知道了也習慣了他們就是會偷我東西，即使剛剛帶他們出去玩了一整天、去湖邊烤肉，一回家，他們仍然迫不及待地聯袂行竊。

我不知道穆罕默德和猶瑟從我這裡拿了多少好處，吃的、喝的、用的、玩的，加上被偷的，累積起來肯定不少，此時此刻，我真的覺得那些「損失」根本無足輕重，最珍貴的是我對他們的那份「心」，一次次被磨損、被傷害、被錯待，現在甚至讓我連對他們失望的感覺都不太有。

他倆的詭計一再得逞，從來不是因為我太笨，而是因為我一直願意給他們機會，想引導他們看看不同的世間場景與價值觀，希望將來他們對自己的人生能有更多自主權。沙漠的整體環境、家族人丁眾多與他們現有的習性，需要花很多時間、絞盡腦汁付出許多，才有可能把他們導向正途，若我慢慢地淡然處之，甚至不太想管他們的死活，那真是他們自己最大的損失。

沙漠生活非常辛苦，掙錢不易，年輕人工作機會極少，若他們抗拒不了金錢與物質誘惑，不管將來去哪裡上工，一旦偷竊名聲傳了出去，不只家族蒙羞，也很難再有人願意給予他們工作機會。

穆罕默德尤其棘手，外表看似正直可靠，實則擅長說謊、欺騙，即使偷竊被發現，不僅全盤否認，甚至不高興地指責他人誣賴。他正逐漸走入青春期，卻遭逢父親病逝，大哥哥薩伊不時到外地工作，無多餘精力管教（更何況其管教方式只會是爆打一通），大嫂則極度寵溺每一個小孩。穆罕默德愈來愈常跟村裡無所事事的青少年混在一起，群聚在街頭發呆、遊蕩，偶爾一塊兒找樂子、尋刺激、幹蠢事。

夜裡，我問貝桑大嫂回來了沒，才知她只是回娘家小住幾天。大嫂娘家很近，走路五分鐘就到，穆罕默德一再偷竊這麼嚴重的事，家族竟然沒有任何一個人主動跟她說。

這次穆罕默德和猶瑟聯手偷錢，就像之前他們每一次的偷竊，終究只會雲淡風輕地過去。現場被活逮偷錢之後，他倆就這樣從我眼前消失，不知躲去了哪兒，無須道歉、無須為自己的惡行負責。反正到處有好玩的事兒，不是非得來民宿不可，再過一陣子等貝桑忘了，一切都會跟之前一樣。

二〇二一年，穆罕默德十五歲了，與猶瑟永遠形影不離，雖然我依然對他們友善，但感覺自己和眼前這兩個青少年的距離自然而然拉開了。

六月的沙漠常颳沙塵暴，屋裡容易積灰塵，穆罕默德和猶瑟不時主動來幫忙打掃，但我總覺他們的動機沒那麼「純粹」。他們現在是青少年了，零用錢需求愈大，我常覺得他們是缺錢，想來民宿看看有沒有下手機會。

一回，他們主動前來打掃儲藏室，找到一台舊筆電，穆罕默德開口跟我要，說他需要電腦做學校作業，我點點頭，刪除電腦裡的舊檔案，整理過後送給他，鼓勵他上了中學要好好讀書。

隔天，兩人又來了，說太無聊想幫忙家務，打掃態度卻非常敷衍，還不時竊竊私語，視線往我這兒飄，不一會兒就說房間已經清掃乾淨。我帶他們上天台，請他們找東西把容易誤傷人的鐵條包住。

一反常態，兩人低聲討論起來，接著下樓找材料。不一會兒，穆罕默德抱來數個空寶特瓶，切割開來，用膠帶將寶特瓶在鐵條旁圍了一圈，最後以鐵絲固定。我問猶瑟上哪兒去了？他聳聳肩，說些言不及義的話。

這點小事很快完工，猶瑟也回來了，兩人不知低聲說了啥，潦草地幫我拖個地，隨即離去。

回到房間，我發現自己的皮包似乎被動過。

傍晚，我去雜貨舖採購，結帳時拿出皮包，發現竟少了整整五十歐元！

等貝桑回來，我跟他說這事，五十歐元在沙漠不是小數目，貝桑很不高興，轉身就想去罵他們，我阻止了他。除非當場被逮個正著，否則他們只會矢口否認到底，穆罕默德演技尤其好，甚至會責怪我們誣賴他。

貝桑認為他們現在習慣偷我，以後就會去偷別人，終究忍不住回老宅用言語試探穆罕默德和猶瑟，說村裡兩個小孩偷竊被警察抓了。

猶瑟很不自在，眼神飄忽，一臉心虛，穆罕默德面無表情。

我對這兩個小子的耐心與善意已經被消磨殆盡，無意付出更多，朋友卻認為我還是得有所回應。如果完全沒行動，他們會覺得我不在乎，極可能變本加厲，對我和他們都不是好事。

五十歐元畢竟不是小數目，穆罕默德和猶瑟的肆無忌憚與貪婪已到了一個程度，且是合作無間的哥倆好！沙漠掙錢很辛苦，如果他們現在就嘗到偷竊的甜頭，將來很難有意願認真踏實賺辛苦錢。

想了想，我決定請伊斯邁將這事轉告給薩伊，身為穆罕默德親大哥的他，總該負責處理，如果依舊放任，該說的我也都說了。

三哥說，穆罕默德與猶瑟去民宿經常順手牽羊，涵涵回去都會告狀，但因為大嫂和二嫂不管小孩，也不喜歡別人教訓她們的心肝寶貝，加上又不是現行犯，旁人很難做什麼。

日前村裡開了一家撞球店，三哥時常看到穆罕默德在裡頭混，或許因此而需要更多零用錢吧。這回兩人一得手，馬上進城參加親族婚宴，恐怕正拿著我的錢吃吃喝喝買東西，開心著呢！

二〇一八年他們聯手偷我錢被抓那次，三哥就對貝桑說過，如果需要人手幫忙打掃，寧願花錢找人代勞都不要再讓穆罕默德與猶瑟來幫忙，以免有機可趁。偏偏貝桑盲目地愛著全家族，尤其穆罕默德是他最敬愛的大哥的兒子，大哥又走了，他想多幫幫這小孩，殊不知反而助長了穆罕默德內心的邪惡與貪婪。

M說：「人們今生的天性、出生在何種環境、有了什麼樣的遭遇，全是累世業力所造成。這些孩子缺乏品格教育，父母素質亦然。此時他們從這樣的行為獲得成就感，只要有機會，便會對任何人如此做，未來有可能愈來愈貪婪。

「然而妳也會因回應這件事的方式，而有相對應的業力產生。就算不追究、不糾正，在這樣的天性與情況下，必須減少讓他們墮落的機會。貪婪和嫉妒讓人心像蚊子般，不斷尋求欲望的滿足，即便方式是吸飲他人的血。他們已經不是妳能教育的狀態了。收好妳不想滋養他們貪婪之心的物品。也請保護好自己。

「他們現在還沒真正意識到那是偷竊，正嘗試在孩子們與家族成員之間的想像位階裡，證明自己的能力與地位。大人是什麼樣子，孩子就會模仿。他們因為扮演貧窮弱者而獲得很多好處，哪天就算妳再窮，還是被他們定義為有錢外國人。他們自己藏私，就覺得別人也一定如此，這心態是不太會改變了。妳與他們的意識狀態只會偶有交集。過自己真心喜歡的生活就好，也只能這樣了。」

我困惑極了，問：「所以來偷我這個有錢外國人，成功了，對他們來說，就是成就感？」

M說：「這是動物性的掠奪感，如果沒有成就感，還有什麼吸引他們？更何況就算被抓，只要裝可憐，就有是非不分的大人來求情。他們在心靈上真的是沙漠。即便有傳統信仰，也不真的相信。有錢等於有力量，更有存在感。」

聽M一說，我愈覺自己得和孩子們談一談，比什麼都不做來得好。

面對「親情」，貝桑可說全然軟弱，要求他處理穆罕默德和猶瑟偷錢一事，他氣若游絲地說已經和他們談過了。我說不夠，一點威力都沒有。

貝桑一臉為難，我說如果他不肯面對，我就去警察局報案。

貝桑一聽，馬上打電話給薩伊。

薩伊早從伊斯邁那裡得知這兩個小子偷我錢，很氣弟弟賊性不改，偏偏愈來愈無力管教，為了讓自己心裡舒服點，反過來責怪貝桑讓他們來民宿打掃才有機可趁。貝桑竟然任由薩伊怪罪，什麼話都沒說。

數天後，穆罕默德還在城裡逍遙，猶瑟剛好在我即將離開沙漠前兩天回來，老宅隱約傳來二嫂教訓小孩的聲音。

我決定在出發去海城避暑前，當面和猶瑟講清楚，要貝桑找他過來。

貝桑扭扭捏捏，我受不了他是非不分、只想盲目地「保護家人」，明快地說：「沒見到猶瑟，我不走。」

貝桑拿我沒辦法，只好去二哥家找猶瑟，不一會兒回來說他還在睡覺。

我要貝桑叫猶瑟起床，他面有難色，我說：「今天我如果不是跟猶瑟當面說清楚，就是去警察局報案，讓他倆去跟警察解釋。」貝桑趕緊去挖猶瑟起床。

等待時，我在心裡向神祈禱，請祂讓我從嘴裡說出來的話，對我和猶瑟的靈魂成長都是好的，接著找出《古蘭經》，放在矮桌上。

猶瑟終於來了。我請他坐下，把雙手放在《古蘭經》上，說我要問他一個問題，請他在《古蘭經》前誠實回答。

我問，上回他們來幫我打掃，離開後，我的錢不見了，他知不知道是怎麼一回事？

想當然耳，一問三不知。猶瑟態度沉穩淡定，否認得太過雲淡風輕，一副「妳奈我何」的調調。

看著他那隻因為白內障手術略微歪斜的眼，想著不過幾個月前，即便全摩洛哥疫情告急，醫院人滿為患，各地因防疫而交通管制，為了不讓他如此年輕就失去一隻眼睛，貝桑和我特地專車載他去遙遠的菲斯就醫，諸般善待，終究只配獲得這樣的對待。我感覺猶瑟慢慢在我的世界裡淡化成薄薄的影，關於這個人、這個存在的所有事，都將與我無關了。在這同時，我心裡無比清楚，要他們承認，唯有人贓俱獲，而他們也早已大到敢在《古蘭經》前說謊而面不改色。

我拿出手機充電器接線的空盒，說他們竟然大膽到連這種東西都摸回去，還懂得留空盒，以免我起疑心。猶瑟反駁說他連手機都沒有，那不是他偷的，他什麼都不知道。

我說我知道是穆罕默德幹的，而且一直都知道他們經常順手牽羊。他們之所以可以自由進出我家，那是因為我尊重並信任他們，但從此以後，我不再隱忍，若他們膽敢再踏進民宿一步，我馬上報警。而且我有他們的相片和影像，到時候還會貼上臉書和

YouTube，讓全摩洛哥和全世界都知道梅如卡村裡有他們這兩個慣竊。

說到最後，我站起來朝他怒吼。猶瑟聽到「警察局」和「貼到網路上」，神色間終於露出一點點畏懼。

二〇一五年剛回沙漠時，只要家族小孩一圍過來，我便無法控制地緊張、壓力大，他們每一個都是來討餅乾糖果，且是一大群人集體出征！真正讓人不舒服的是那索討讓我感受到某種貧窮與匱乏，帶著對物質的欲望，在「理應純真」的孩子們身上。

有時朋友寄來很好的文具或玩具，或是客人留下小禮物，我在給予時同樣備感壓力，這些在台灣稀鬆平常到讓台灣小孩很可能看不上眼的物品，之於沙漠小孩，全是這輩子不曾見過的高檔舶來品。他們眼裡流露出讚嘆與渴望，那欲望只要再多一些些，真的就是「貪婪」。

我本以為貪婪起於貧窮，穆罕默德和猶瑟讓我明白，貪婪來自於內在匱乏與蒙昧無知，因貪念而來的行為若一再得逞，絕對變本加厲。台語有句話說「細漢偷挽匏，大漢偷牽牛」，回顧他倆的成長軌跡，我明白無論自己一個人如何努力、善待，甚至是「教育」，依然敵不過家族傳統、父母身教與外在環境的整體影響，彷彿所有條件終究推著他們慢慢變成了今天這個樣子。

涵涵說大嫂有個大箱子，裡面裝滿各式香水，藏了很多現金，絲瑪也常有漂亮的新衣服穿，還有很多新文具，但大哥大嫂家每一個小孩只要走進民宿就和賊一樣，眼神飄移，到處看有什麼東西可以帶回家藏，連鉛筆和牙膏都不放過。

有時我不當面揭穿，只是不想讓他們難堪。可大嫂明明攢了很多錢，大兒子薩伊幫觀光客修理越野車的錢又很好賺，收入比我和貝桑加起來都多。

隨著年紀漸長，原本就善妒的絲瑪更是愈形傲慢、易怒，跟著涵涵來我家，趁我不注意翻箱倒櫃，還叫妹妹麗安幫忙把風，簡直就是穆罕默德和猶瑟的翻版。小的都知道大的來偷東西，有樣學樣。

我清楚看見，自己與沙漠多數人在「物質擁有」上的巨大差異。

我生活簡樸，物質需求不高，原因之一是在成長過程中，物質需求都獲得滿足，也擁有豐沛的愛，內在匱乏相對少一些些，長大後甚至能奢華地將生命用來追逐夢想。

家族的大人和小孩似乎一直繞著同個核心：物質、匱乏與欲望。我很真實地感受到，那正是人非常根本且初始的狀態，是人的共同內在與欲望，包括我自己都是，或許我只是隱藏得更好、或許只是被滿足了，所以轉換了形式。

另一方面，「貧窮」與「匱乏」不只是土壤澆薄、乾旱或金錢與物資上的缺乏，更是腦袋裡裝的知識及累積的生命經驗，以及內在力量。因著教育及過往經驗過於單一，受到的刺激及訓練都相當不足，又無積極翻身的意圖，即便成年，向內向外都難以找到脫貧出困的力量。

「翻轉」的條件不只金錢或物資，更多是內在的，是知識庫充足與否，是腦袋對未來有無其他想像或更好的做事方式，是內在是否有那堅定毅力及決心打破現狀，以及有無那勇氣及實踐力用於開創，外加意想不到的好運道。在收入僅夠餬口且臍帶糾糾纏纏的家族成員中，想聚集這些條件，多麼難。

只要有家族成員在，我經常處於備戰狀態。只因在這裡，「外國人」常被視為「有錢人」，待宰肥羊永遠只會是「外國人」，就連我曾那樣真心善待過的穆罕默德和猶瑟都是如此想。

二〇二〇年夏天我前往海城避暑，貝桑每個月都來看我，順道透透氣，有一次還帶了薩伊出遊。雖然薩伊因為修車和出租房子賺了很多錢，但整趟旅途的食宿交通都由貝桑支付。

他們抵達那晚，我特地出門買烤雞待客。附近有家好吃的甜點麵包店，我每天特地買一大包各式各樣的，讓他們嘗嘗沙漠沒有的精緻糕點。

一天傍晚，他倆出門散步，回來後在客廳聊天，我過去打招呼，發現他們正在吃甜點，而且完全沒買我的。薩伊有些尷尬，貝桑渾然不覺，繼續歡樂地吃著，完全沒人客套地問我要不要吃。

甜點我不會買不起，但他們理所當然地住我的、用我的、吃我的，卻連買個甜點都不會想到我。之於他們，我不過是隨時可讓家族撈點好處的「有錢的外國人」，且這個認定永遠不會改變。

某個瞬間，我突然意識到，在一個完全將女性視為無物，將女性勞動與付出視為理所當然，將女性生命價值由她對夫家貢獻程度來決定的文化氛圍裡，婚姻中的女人就是這樣一點一滴丟失了自己。難怪很多女性在多年婚姻後，看不見自己的價值，想不起自己是誰，也找不到自己的力量。

予取予求且家族至上的傳統、由對夫家貢獻程度及子嗣多寡來決定女性生命價值、外國人永遠是提款機、女性地位卑微卻又常被轉嫁過多期望……種種如硫酸般侵蝕靈魂的負面能量真的非常可怕。像我這麼強悍固執且敢於反抗傳統的人，都禁不住家族傳統期許與各種索討的侵蝕，在不知不覺中放棄了什麼，甚至不知自己已經放棄了什麼。

直到穆罕默德和猶瑟聯手預謀偷了那麼多錢，我當下雖憤怒，卻絲毫沒有回應或處理的意願。「沒有用的，做什麼都沒有用，他們就是這麼貪婪卑劣無恥，永遠都不會改變的」，我心裡這樣想。

曾幾何時，我已被磨損到連表達憤怒與不滿的力量都不見了。

面對格格不入且難以接受的家族傳統與模式，我有些不確定自己要走要留。因著生命核心價值與生活模式的不同，我和貝桑沒有誰是輕鬆的，但「天堂島嶼」民宿乘載著我的夢想志業，有著親友祝福甚至贊助，我實在無法輕易說放就放。

M說：「留也好，走也好，都是學習放過自己，也放過別人，給自己機會，也給別人機會。如何決定，仍是看妳自己的心念。試想，如果不在這裡，妳會在哪裡？如果不做現在做的，妳會做什麼？選擇妳心中真正感到平靜輕鬆的。如果妳沒有別的地方去，這裡就是妳想待的地方，如果妳沒有別的事做，現在的一切就是妳要做的事。剩下來的就是如何更能讓自己和參與其中的人都是輕鬆的。」

我聽得啞口無言。地球之大，此時此刻除了撒哈拉，我確實沒有更想去的地方，除了正在推動的深度導覽和種樹計畫，確實沒有更讓我想做的事情，偏偏留在沙漠與家族相處又如此艱難。

M又說：「前世故事從來只是參考，是未竟欲望的象徵。若還欠情或錢，怎樣都守不住、攔不住。然而，因果律的意義並非只是欠債還債的加減乘除，啟動尋求平衡的是我們的良知，而非他人的討債權。在物質世界中，我們從不真的擁有什麼，一切最終都會流到別人那裡去。所有人事物的相遇、連結，都是一種幻化，為的是認識自己、學習愛，最終服務神性意志。

「因果的沒完沒了，癥結在於所有人只服務於個人意志，因而所有公平正義都只是相對性的。不需要去想當好人或壞人等複雜問題，就只是真誠地活著，當一個真誠的人。那麼就算失去身外之物，也不會失去自己。這片土地再美，都不值得妳用痛苦去換取留下卻度日如年，且沒有任何人感到喜悅。當然，神也不會樂見祂的孩子執拗受苦。」

我不由自主想起已逝的大哥，生前蠻橫霸道，掠取家族資源來成就自己的豪宅，才剛蓋好沒幾年，一罹病，自己與妻兒仰賴的依然是家族支援，當生命告終，什麼都帶不走，如數流向他的妻兒，但也沒有人能夠預知再往下的未來變化。

若將關注拉回自己身上，身為異鄉人的我，無論建造民宿與在沙漠種樹的起心動念為何，付出多少心力，總有「離開」的時候——無論是啟程前往遠方或以生命結束的形式。所有肉眼可見的物質性創造，我都帶不走，也將如數留給家族與沙漠，所有一切之於我，不過就一場體驗，一個過程，而所有生靈莫不是天地過客。

這幾年與貝桑家族的近身肉搏讓我真切感知，每個人都只服務於自己的渴望與意志，家族追求集體的共榮共存，我則是個人理想實踐，各自擁抱著屬於自己的公平正義。漸漸認清這當中「只有相對而沒有絕對」，不再緊緊抓著什麼，我也才慢慢得以從另個角度「觀」像我這樣一個人。

失去身外之物確實讓人痛苦遺憾，然而比起失去自己，真的算不了什麼。

我不知道什麼是「服務神性意志」，但這聽起來讓我喜悅、心安。

M說：「業力是行動與行動的結果（業報），目的是要找出痛苦之源並根除，而痛苦是由愚昧、自我意識、激情、憎恨、任性與固執等所引起。在物質世界中的生物，都是痛苦的，因為沒有永恆、一切無常，再怎麼努力，終究留不住什麼。好的、不好的，都一樣。所以真的只是一場體驗，而在體驗中積聚的心念導致行動與另一場投生，或者在明白後，最終出離物質世界。體驗中的覺悟才是真實，任何事件都只是幌子。

「請記得回到自己的內心，回到自己的中心。感受自己內在的善意與值得鼓勵的特質。讓這部分帶著妳前進，即便消極和負面的內在想法仍會出現，還是給自己良善的提醒。別讓不知所措與對未來的不安全感成為最大的實相。就只是認出這些聲音、挑戰和悲傷，這些經歷都只是要將妳帶入／回到整體之中。」

朋友說過，如果我想在沙漠推動計畫，他們願意贊助，但我後來只做手邊能做的，不推大型計畫，而且只用自己的收入，不集資，原因之一就是身邊沒有可靠幫手，太多人只顧著中飽私囊，不做事。試想，若連找家族小孩來打掃都會被趁火打劫，要是真的推動計畫，我不更成了眾人眼中的待宰肥羊？

先前，我難免希望能影響孩子們，或許讓他們的生命多些寬廣向度與決定權，甚至未來能和我一起推動沙漠志業。一次次的失落讓我逐漸明白，即使孩子們跟在身邊時聽我叨叨絮絮不同的價值觀，只要一回到家族懷裡，傳統模式照舊，我一個人改變不了什麼。我該放下孩子們未來可能是沙漠志業一分子的奢望，讓別人去過他們想過的日子。

若我依然善待家族的孩子，那是我選擇對待另一個靈魂的方式，那是我對另一個靈魂的祝福，而非暗自期望這個靈魂將來長成我希望他是的樣子，甚至代我去做我自己想做的事。

不變的是，我依然會帶著愛，在這塊土地做著我想為土地做的事，因這讓我「打從靈魂裡快樂起來」。若孩子們因我的身體力行而被改變，那是神的應允，若未來有誰加入，那也是神的安排，渺小如我者，干涉不了神的決定，只專心做好每一件自己還能做的事。

無論面對什麼樣的艱難處境，撒哈拉這塊土地向來給予我源源不絕的支持與愛，眼前這些問題不會因為我逃避或不去處理而消失不見，況且家族不過反映了此地的集體意識與傳統風俗，一點都不特別，在傳統遊牧社會，離開這一戶，走進另一家，依然是相同模式與類似習題；況且，內在黑洞在人世間並不罕見，「被愛得不夠」是綑綁許多人的共同困境。

我一直深深相信，即使是「逆增上緣」，世間所有靈魂的相遇莫不為著彼此成全，而所有關係皆難逃生離死別，誰都不知和誰的緣分將在下個轉角戛然而止。那麼，把握緣分還在時，衷心說些或做些讓彼此在靈性成長上都更有幫助的事情吧。基本上，我如此看待著我與貝桑、與所有人的關係。

M與我分享一首仁波切的詩，極美：「會開的花，需要因緣，遇見的事，需要因果。你理應糾結的，是如何去種想要遇見的果，而非如何避免已經呈現的果。任何事情，只要有因可尋，就沒有不公平之說。接納果，不是為了讓你相信宿命，而是改變下一個果。」

後語

二〇一五年十月正式回撒哈拉定居後，我日日與傳統文化起扞格。貝桑與我雖因一份真誠自發的情感，排除萬難走入婚姻，但在撒哈拉與大家族近身肉搏的相處中，我真真實實與孤獨的不同面容打了個照面。

在伴侶關係裡，仍是「我」與一己詮釋中的世界，除了自身欲望與各種投射，難見其他。我因自身無明無知而深深受苦，亦因伴侶對我的各種期待與無盡要求而倍受限制與壓迫。

另一方面，龐大家族幾乎每個成員都想從我身上撈點好處，讓我應接不暇，卻又很難真正責怪他們什麼。我不僅不曾試圖拉近彼此距離抑或「融入當地」，反而努力隔出能讓自己自由呼吸的空間，照見隻身在此的寂寞，在周遭龐大家族歡聚笑鬧聲中，聆聽自身孤寂裡的獨特鼓聲。

穆罕默德和猶瑟聯手一口氣偷我五十歐元成了壓垮駱駝的最後一根稻草，讓我瞬間跨過某條隱形的線，再也不可能為了家族表面和諧而忍耐。

二〇二一年十一月初，我從海城回到沙漠，沒去向家族打招呼，即使就台灣民情來說都相當失禮。

貝桑勉強不了我，偷錢一事成了最好用的擋箭牌。我說這輩子死都不想走入「小偷之家」，他臉色一變，什麼都不敢說。

太多事情累積到一個程度，跨過那條線，一切就不一樣、也不可能了。我走不進去家族老宅，也沒辦法和他們坐下來喝茶，見面只是尷尬罷了。

二〇一五年剛回撒哈拉定居時，貝桑家族很窮，每個人都來上下其手，能拿就拿，現在他們靠觀光業賺進大把鈔票，疫情又讓台灣觀光客暫時來不了沙漠，我沒有那麼多資源可以讓他們壓榨，雙方幾乎也就沒有任何交集。

從頭到尾，我一直是我，他們是他們，當連結彼此那淡淡的因緣散盡，便也就散了。

倒是貝媽、三哥和涵涵會主動來問候，此時身邊出現的只有我真心接受且喜歡的人，之前那些和蒼蠅一樣煩死人、趕都趕不走的，一旦我身上沒有好處可撈，就這樣從我的視線裡消失得無影無蹤。

再度地，我問自己：為什麼還在這裡？

因為「緣」在，「愛」也還在，但因緣聚散，何時緣滅，便也剎時解開彼此糾纏的鎖鏈，永生不相見。

我容易有情緒，但因為理解，我很難去恨或責怪。

我理解人因內在匱乏而貪婪、理解人因恐懼內在價值系統受挑戰而盲目攻擊最親密的夥伴、理解當人看不見未來，只想貪一點是一點，但我依然無比悲傷，因人的沉淪與無望，因人是如此難以看見已知之外的那些。我的悲傷來自於更深更真地看入「芸芸眾生」，亦知曉自己同樣只是芸芸眾生。

「在現象界中，人們不斷面臨各種變化與挑戰，總在得與失、快樂與悲傷之間擺盪。形式是為內容而服務的，若妳無法尊敬只重視形式的人，就讓自己主動去知曉那內容，因妳選擇了這片天地。成為一個觀察者，而非受害者。成為一個真知者，而非批判者。不因他人的無知，障礙了自己的道路。更不因自己的驕傲，將眼耳聚焦於頹敗之處。將妳的重擔交給神，因祂總惦記著妳。」

向外求得的慰藉與安慰是暫時的，只會讓人在一個又一個的慰藉中追逐，那是無盡沉淪，是「苦」而非「樂」，鑰匙依然在自己身上。我不可能一個人改變僵固封閉的漫長傳統，不可能要求所有人配合我，滿足我的期許，所以我應該將關注放在自己身上，試著去改變做一件事情的「質地」，讓這件事之於自己是快樂的，改寫其意義，如此才是將決定權拿回自己手上，是對自己的生命負責。

傳統難以被撼動，家族改變的可能性很小，重點仍是在如此枯竭的環境與滿滿負面能量的生活與應對模式裡，知道自己是誰、不忘記自己是誰。不管家族怎麼想又是如何對待，我都能接住自己，活得好好的，好好和自己在一起，活出自身光彩與姿態，那麼澆淋在靈魂上的硫酸就會失去威力，火焰化紅蓮。

貝桑和我把很多話攤開來說。我完全不在傳統家族脈絡中，他是有壓力和遺憾的，畢竟家族對女性認同的標準是足不出戶、溫馴服從、生兒育女、相夫教子、伺候所有人，安於大家族集體生活。

兇悍又「異類」的我給貝桑很多壓力，而他看著兄長享受傳統家族的溫暖與幸福，甚至兒女成群，又何嘗不羨慕？很多事沒有是非善惡對錯，不過就一個「境」。

我和貝桑都不知道接下來要怎麼走，外在環境和內在心境變化都太快了。

分離幾個月，我看到了貝桑的變化。他不像之前那樣死黏著家族，也相對更孤單，因為我不在、因為家族各忙各的，沒有誰真的和他站在同一陣線。

在梅如卡致力推動深度導覽和生態旅遊的人，只有我和貝桑，疫情讓我們工作完全停擺，卻擋不住迅速增加的沙灘車與帳篷。即便疫情尚未完全過去，沙漠觀光業仍然持續蓬勃發展，那是一股流動、一個「勢」，無法雨露均霑，因此所有人卯足全力，都想分一杯羹。

撒哈拉以一如既往的溫柔，任由人類在自己身上放肆。

望著遼闊荒蕪，時而充滿生命力的北非大地，我的紛亂思緒漸漸沉澱下來，愈來愈清楚自己真的不討厭貝桑家族裡的任何一個人，甚至愈來愈能夠理解他們的行為、需求、想法與價值觀。若這群人單純是我在沙漠的朋友、鄰居，甚至是田野訪談對象，我相信自己會喜歡他們，願意真心熱情地善待他們，然而一旦成了姻親，在傳統包袱與生存壓力下，那關係與滋味便不再相同。

自主性選擇走入撒哈拉之後，生活、工作與婚姻所有一切種種，幾乎全是我這整個人的天性、累積、偏好與價值觀總和的「反面」。是的，我真的選擇了一條遠比當初想像都還要艱難的路。

難免有人覺得我自討苦吃，但這一路走來，正因組成我這個人的種種條件與因素不斷受到正面衝擊與挑戰，我被逼得不得不更開放、不得不放下自我，以便撐起更大的內在空間，讓新的可能進來，也慢慢被磨出先前未知的自己。

恰恰是這番磨練與成長機會，讓我極度感謝貝桑與這場婚姻，讓自己緩緩走向更完整自由的路途。那樣的完整奠基於內在轉變，可以在內在撐起更大空間，磨練向內走的能耐，確知關鍵永遠在自己身上；那樣的「自由」，非由外在或他人決定。

我看到貝桑與我對彼此的真摯情感，此時慢慢走向「成熟的愛」，歷程多麼不易！而我們都還在路途上。

在這極度不易的過程中，我還是得說，是的，我可以迅速確實地感受到這塊土地如何支撐著我，讓我休息，沉澱，放空，在極短時間內將關注拉回自身。只要寂靜能回到心中，即便只是瞬間，都能讓我以相對清明的意識做決定，讓我知道自己是自由的，也愈來愈自由。

穿透複雜糾葛情緒與諸多衝突事件的記憶之後，我知道自己心裡對貝桑龐大家族沒有太多愛或情感，但同樣沒有怨或恨，就是淡淡的，祝福與感恩吧。那就像一杯快速攪動的水，所有雜質與水共同形成了混亂漩渦，一段時間的沉澱後，雜質浮在水面，在底層如如不動，靜好如初的，就一份單純而無特定附著對象的愛，好好地在那兒，不曾稍移，不多也不少，無須被看見亦無須回報。那樣的愛，我稱之為「Namaste 式的愛」。

或許我對貝爸多一點兒個人情感，那個毫無困難接受我這怪模怪樣異族的遊牧老人，慷慨地讓我在他的勢力範圍大興土木，每天來民宿逛逛，看看能幫上什麼忙，拿到國際組織發放的棕櫚樹苗後，把每一棵都種在我的院子裡。當我為了捍衛老樹而與大飯店起衝突，完全不是貝都因女人該有的溫柔服從，他說「家裡有個強悍堅強的人，真好」。他喜歡我給的每樣東西，說他每次看到我就開心。遊牧民族以炭火慢煮的茶甘甜濃郁，焦糖香混合茶香撲鼻而來，喝了還會回甘，我根本煮不出那來自沙漠的獨特滋味，他喝著糖水般的褐色液體，依然驕傲地跟全家族說，他最喜歡我煮的茶，超好喝！是貝爸的怡然自得又單純如孩童，是他的隨遇而安又容易滿足，讓我明白，遊牧民族何以行走廣袤天地還能知身處何處，如何在物質極度匱乏的環境裡安頓身心，那是除去「父權至上」的傳統外，極度美好的貝都因價值。

或許我對貝媽多一點兒個人情感，她讓我感受到貝都因傳統母親的寬容大度與對家人毫無保留的愛，也將我拉入了她的情感網絡。剛走入家族時，她帶著女兒和媳婦織了一條全新的貝都因地毯給我，知道我喜歡老東西，將家裡最古老的純銅茶盤送我。即便我不僅是異族還很異類，和她每個親生兒子一一槓上，她也不曾責怪。每回家族宰羊，她總留一塊完整的帶骨羊肉親自拿來。每年夏天我回台灣避暑、長待，她會因思念而落淚。在她眼中，我是個獨立強悍又聰明善良的女性，讓她多少以仰角看著，我對整個家族與她小兒子的付出與善待，她心知肚明，也常跟我道謝。

或許我對涵涵多一點兒個人情感，那個帶著甜美純真的笑，踮起腳尖為我摘下春天第一朵綻放的杏花兒的小女孩，有著珍珠般質地的靈魂，即便身處混濁惡水，仍無損其溫潤光澤，是她讓我看到生活在物質匱乏、糾葛關係與複雜人心的環境裡，人依然能保有一顆童稚純真的心，讓我依然願意去「相信」。

或許我對三哥多一點兒敬意，大哥往生後，他擔負起照顧整個家族的重責大任，溫柔寬厚地對待大哥與二哥的小孩，一如對待自己的小孩，有著一份我所沒有的大度。面對我這個不在規範內的異族，他不曾指責，平等對待我如家族其他人，像個真正的大家長。

至於所有曾讓我感受苦痛與壓迫的，莫不是促使我成長的逆增上緣。所有在生命中來去的每個人，與每件事的發生，都是為著讓靈魂更認識自己，在跳脫既有認知框架後，才能領悟每件事的發生自有其意義與價值，即便不為小我所知，都是神的禮物與祝福。

傍晚，我和貝桑漫步沙丘稜線，討論著未來，天邊漂浮著宛如火鶴又如鳳凰展翅的霞雲。

未來又該飛向何方？

或許那答案比浮雲還遠，比風還輕，一點兒都不重要。

我願意相信每一場相遇都是靈魂間的約定，為著交換讓彼此成長的訊息。我願意學習放手讓一切過，讓喧囂爭吵於風中散盡，留下的，皆能滋養生命。
深深祝福世間所有。

附錄

貝都因家族觀察側記

以色列學者哈拉瑞（Yuval Noah Harari）在《人類大歷史》（*Sapiens: A Brief History of Humankind*）有一段描述採集者的美麗文字：「採集者不只深深了解自己周遭的動物、植物跟各種物品，也很了解自己的身體、感官跟內心世界。他們能夠聽到草叢中最細微的聲響，知道裡面是不是躲著一條蛇。他們會仔細觀察樹木的枝葉，找出果實、蜂窩跟鳥巢。他們總是以最省力、最安靜的方式行動，也知道怎樣坐、怎樣走、怎麼跑才能最靈活、最有效率。他們不斷以各種方式活動自己的身體，讓他們就像馬拉松選手一樣精瘦。就算現代人練習再多年的瑜伽或太極，也不可能像他們的身體一樣柔軟靈動。」

文字裡的「採集者」像極了我身邊的遊牧民族，活在天寬地闊的荒漠裡，憑藉星辰日月判斷方位，向無邊無際的大地乞食，風襲來，雲飄移，便知往哪兒追尋雨與水草去，烈日下，亮燦燦的陽光扎得人睜不開眼，可大地上每隻羊兒的移動，哪隻蜥蜴往哪兒躲，適才迅速跑過一隻狐狸，轉瞬間的事兒，全逃不過遊牧民族的火眼金睛。雨來過，哪兒生出個湖泊，水往何處流，哪兒已冒出翠綠牧草，唯有遊牧民族瞭若指掌。

一望無際天地間，邊界泯滅，遷徙飄移間，將一個個生命串成一張綿密網絡並給出核心價值的，是血脈相連的至親、家人與氏族，更是遊牧民族在荒漠中最強韌甚至唯一的社會支援系統。在這張以血脈為經，以親屬關係為緯的人際網絡裡，個體生命有了座標與定錨，不致迷失方向。

就像大哥前往埃城醫院回診，一家八口全擠在大姊法蒂瑪家中，二哥因為蜂窩性組織炎而在同家醫院住院那幾天，老婆小孩為了就近照顧也是往大姊家窩，莫不讓我見識到家族的力量。

那時，二嫂、二哥最小的兒子哈利與貝桑未嫁的姊姊蒂亞統統湧進了大姊家，恰巧大姊五個孩子與幾個外孫也在，一大家子好不熱鬧！大姊可忙壞了，每天要負擔八大四小的食宿，外加送飯給住院中的二哥。大姊守寡多年，手頭並不寬裕，我與貝桑不敢白吃白喝，趕緊採購雞肉、牛肉、蔬菜、水果和茶葉，臨走前不放心還留了點錢，多少也困惑著，一大家人口眾多，好像完全沒人關心生計，統統過得很悠閒。

《人類大歷史》〈虛虛實實〉一節指出了智人未發現生活秩序建構在想像的三大原因：

第一，想像所建構的秩序與真實世界深深結合。在傳統社會裡，並不存在個人私密空間，所有個體皆活在眾人目光下，須注意他人觀感與意見，認定個人真正價值由社會階級及他人看法所決定。

第二，想像所建構的秩序塑造了個人欲望，且後者成為虛構秩序最強大的守護者，深藏內心的渴望亦受想像建構的秩序所影響。

第三，想像所建構的秩序並非個人主觀想像，而是存在於人與人的思想連結及集體共同想像中，即所謂互為主體性現象，仰賴眾多個人主觀意識間的連結網絡，單一個體改變想法或過世，對此現象影響不大。若網絡裡的多數人死亡或改變想法，這種互為主體性才會消失或改變。

這與貝桑家族的生活模式可說相當吻合。

這是一個人際關係相當緊密的社群，以家族為社會基本單位，由血緣與婚姻等親屬關係將所有人綁在一起，父權至上，男尊女卑，長幼有序且長兄如父，極重輩分。

貝桑對家族所有成員有著真摯深刻的情感，兄長犯了再大的錯都不容批評，兄長小孩再怎麼調皮甚至作惡都可以被原諒，只因「他們是我的家人」。以前四哥和貝桑因意見不合而吵架，結果往往是貝桑放棄自己的意見，服從在四哥意志之下。

不僅如此，同家族成員共食共居共工的生活形態相當常見，所有人在同個屋簷下生活，抑或住宿緊鄰，生活在沒有私人空間的傳統裡，甚無保有私人空間的需求。家族成員的生活品質與人際關係是否和諧緊密相關，日日活在他人目光下，相互扶持亦相互監視，縱使心中有不滿、有委屈，都不得不隱忍下來。

任何人生於這臍帶彼此纏纏繞繞，共食共住，盛夏夜裡老老少少全將墊子毯子搬到室外，近乎露天共寢的龐大家族環境當中，都難以與親人做出任何切割。

二〇二〇年一月初，三嫂生下扎卡，由二嫂在家裡幫忙接生，這事讓我頗為訝異，卻也更明白為什麼家族「永遠都要在一起」，那不只是血脈相連，更因從小共同創造了每一場重要的生命經驗。

生活在傳統價值體系裡，兒子的收入往往貢獻給家族，母親亦會向兒子拿生活費以支付家庭開銷，未來兒媳婦的挑選更掌握在女性手裡；女兒出嫁後，女婿及其家族亦是女性的資源及人脈。家族成員共享相同的追求與生命價值：富裕、地位及子嗣繁衍。

男性若享有富裕權勢，便不愁無子嗣，更以獲得家族認可與眾多子嗣為榮耀。好比四哥孜孜不倦工作，為的無非是早日成親、生兒育女，又因對第一段婚姻不滿意，不到一年即離婚，隔年就娶了第二任妻子，為的正是盡快生下子嗣。

偶有不願結婚者，如二哥與五哥。

據說二哥年輕時即表明不願進入婚姻，在貝媽堅持下，無奈地與表妹（即二嫂）成婚。婚後說不上夫妻感情融洽，單純過著家族共居的日子，對三個小孩的管教亦相當疏忽，甚至吝於提供最基本的生活物資。

由於家族人口眾多，總有人分攤著被二哥忽略的家庭責任，直到他們一家被強力要求離開老宅，另謀住處，二哥才不得不擔負起身為一家之主的責任。此時二哥大兒子席德已有掙錢能力，能為母親效力並分擔父親的經濟重擔。

至於不婚不生的五哥，貝媽當然希望他能早日步入正途，但所有兒子裡就他最不成材，時常在外遊蕩，連養活自己都難。雖然五哥成功從我這兒叫走一輛野狼一二五，但不知何時，摩托車被他賣掉了，換成一輛小綿羊，顯然混得很不好，只能賣車換錢，繼續騎破車，家族也任由他去。

今日，許多生活在沙漠的年輕人婚嫁依然遵循傳統，婚姻大事也依然由父母決定。艾明兩歲大時我曾問三嫂，等哪天艾明長大要結婚了，是不是也將由她為兒子挑選老婆？三嫂笑得樂不可支，點頭說那是必然的。

與貝桑家族關係緊張時，一位台灣年長女性友人說了句相當能安慰我的話：「媳婦永遠是外人。」

這話放在沙漠傳統社會亦相當適用。

「男主外，女主內」是亙古不變的貝都因傳統，男性負責掙錢養家，女性們共同分攤清潔、烹飪、牧羊、割牧草、編織、生兒育女及照顧雙親等家務。已婚婦女的地位除了受丈夫在家中排行的影響，也取決於其滿足夫家期許的程度——能夠貢獻的子嗣數量。

也可以說，能讓媳婦減少「外人」特質的，除了本身血緣與夫家的遠近，另一個因素便是能否為夫家產下子嗣，這也將決定她握有的「資源」。

好比大嫂，大哥是享有最多資源與話語權的長子，她又為夫家生下六名子嗣，地位穩固，她與孩子們便享有較多特權。仗恃著「長兄如父」且育有六名子嗣，加上顧及家族和諧氣氛，大哥大嫂那六個孩子再怎樣素行不良，甚至欺負家族其他孩子，眾人都得遷就，任由大嫂作威作福。

二嫂雖育有三個兒子，又是貝媽親哥哥的女兒，親上加親，無奈二哥吝於為家族付出，她與三個兒子在家族中相對地位低落也較無影響力。

三哥在貝爸和大哥接連病逝後，擔起家族重擔，地位反而超越了二哥，更被看重，連帶讓三嫂更有自信抵抗來自大嫂的無理取鬧，甚至可以決定家族的餐點內容。年齡只有四哥一半的前四嫂剛嫁過來時，也是由三嫂帶領她適應家族生活節奏。四哥第二任妻子的年紀雖然比三嫂大些，且四哥收入遠高過三哥，家務處理上仍是三嫂決定、四嫂配合。

梅如卡村裡有間小小的雜貨舖，平時由年約七十的老先生與三十幾歲的兒子經營。老先生在第一段婚姻生了四個小孩，妻子過世後，老先生再婚，第二任妻子協助養大前妻小孩，本身卻無子嗣，平時除了打掃店舖也幫忙販售。有段時間，老先生身體不適，住院許久，出院後仍無法負擔沉重工作，店舖經營愈來愈交給第二任妻子，有天，她突然不見了，再也沒出現。一問之下才知，她顧店時趁機偷偷為自己攢下一點錢，被老先生的兒子發現，老先生一怒之下，休妻。

即便第二任妻子已年近六十，且將青春用來照顧老先生與前妻的孩子，在無法掌握經濟大權的情況下，即便她只是為自己攢點積蓄，便落得被踢出門的窘境，自始至終，她都只是個「外人」。然而，若她有子嗣，情況將大大不同，她的孩子將與第一任妻子的孩子一同工作並將收入交給她，她無須為自己偷偷攢錢，也不會被逐出家門。

之於我，貝桑永遠是貝媽的「資源」與依靠，而不是我的；我若想在家族裡取得穩固地位、認同與接納，甚至是「資源」，端視我能否生養出幾個有出息又聽話的兒子。

不難想見，在如此根深柢固的傳統價值體系當中，女性生存相當依賴男性及父系親屬。無子嗣的女子不僅毫無地位，生活也只能仰仗娘家親屬援助，而且不論是未婚或無子女，都被視為生命不圓滿。

好比貝桑的未婚姊姊蒂亞，她在家族裡的地位極低，生命永遠停留在「未完成」狀態，撇去年華老去不論，整個人無精打采，無自信，對外面的世界一無所知，懵懵懂懂，也無學習新知的欲望。

據說蒂亞年輕時曾有親族來提親，但她不願離開父母，婉拒了，卻也因此錯過走入婚姻的可能性。

剛與貝桑初識，家族女人便比手畫腳對我說蒂亞至今未婚，非常悲傷，希望我幫忙介紹台灣老公，搞得我一頭霧水，尷尬極了，不明白為何眾人將婚嫁等個人隱私說與初識者聽，也不確定要我介紹對象的話語有幾分可信。

在家務等勞動分攤上，蒂亞永遠扮演協助而非主導或擁有決定權的角色。若家族遇到危難，如大哥病倒，她永遠不會是那個被期望分擔照顧責任的人。相反地，若我與貝桑發生爭執，她倒是迫不及待跳出來指著我的鼻子罵，捍衛她所擁抱且保護著她的傳統家族價值。

若是失婚且無子女的女性，同樣無價值且更無經濟能力，基本生活同樣完全仰賴原生家庭。

貝桑姊姊蕊雅年輕時曾有一段婚姻，因與大家處不來，很快離婚，雖然做事勤奮細心，卻不曾動念外出工作，在老宅裡待了許多年。後來，蕊雅因渴望擁有自己的小孩，雖已過最佳生育期，仍與年近七十的貧窮菜販再婚。對方早已有數個孫子，想找個老伴。

我曾問貝媽為什麼讓蕊雅再嫁到一個經濟條件不佳且離娘家非常遙遠的家庭，讓她待在沙漠，全家族其樂融融，不好嗎？貝媽不以為意地說：「那是她的宿命，她的位置就是在那裡，女人就該有婚姻才有依靠。貧窮富裕，全憑阿拉旨意。」

傳統生活亦讓女性極難發展出家族成員外的人際網絡，理所當然認為女性的生命形態唯有結婚生子才是完滿。即便受過教育的年輕女性仍選擇結婚一途，且接受族內通婚，享受著家族羽翼的保護，在外就業者，少之又少。

貝桑有一姪女生長於西撒大城阿尤恩，高中畢業即待嫁，在家裡協助母親處理家務，從不單獨外出購物。年方二十一，嫁給父母挑選的夫婿，兩人婚前不曾見面，只看過照片，婚後隨即以生兒育女為人生目標。她不僅不曾單獨旅行，甚至連自己搭長途巴士都不敢，「獨立」與「自由」不曾是她的渴望。

貝桑另一個姪女的命運亦同。這個姪女剛上大學法律系時，我曾問她以後是否有意從事相關工作？她說想當律師。大四那年，她母親在族裡為她挑了個金龜婿，一畢業旋即成親。

我問貝桑：「她還那麼年輕，都念完大學了，為什麼不出去工作？」

貝桑理所當然地說：「傳統女人就應該待在家裡，我們的女人不用工作，她先生會養她。」

馬格里布區婚姻制度與親屬關係的研究不多，法國突尼西亞裔社會學家穆西娜．夏哈（Mourina M. Charrad）的《國家與女權：突尼西亞、阿爾及利亞與摩洛哥後殖民時期的建構》（*States and Women's Rights: The Making of Postcolonial Tunisia, Algeria, and Morocco*）極具參考性。

在《國家與女權》裡，夏哈精準指出：「馬格里布部落內的凝聚力是以親屬為基礎的連帶建立而成，而伊斯蘭家庭法是把這套以男性為中心的延伸父系體制合理化，規定丈夫權力凌駕於妻子之上，支持親屬關係所形成的宗族權力。」

對我身邊這個貝都因家族來說，沒有什麼比血脈相連的家族更重要且更值得信賴，正如夏哈所說：「人們會因為身為家族一分子而團結起來採取政治行動，而不是因為他們隸屬於某個階級、職業團體或意識形態運動的成員。」

而這套將女性置於附屬地位的體系，「讓男人以丈夫或男性血親的身分，擁有控制女性的權力，甚至允許親屬對族中女性成員加以控制。伊斯蘭律法裡的婚姻關係相對脆弱，支持的是父系延伸親屬關係的凝聚力，呈現的家庭圖像是一種延伸的親屬團體，仰賴並強化男性親屬社群的團結。」夏哈指出。

伊斯蘭家庭法強調父系親屬的占有特權，在親屬可安排或控制婚姻的情況下，婚姻與夫妻關係不如想像中穩定，即便是婚後，父系親屬仍具有舉足輕重的角色，例如在財產分配上，男方與其父系親屬仍擁有極大的決定權，而非夫妻共同財產的觀念。

婚後採從夫居，新娘遷入丈夫家族屋舍，與夫家同住，對於沒有太多社會經驗的年輕女性來說，可說是直接從娘家屋舍搬到夫家屋舍。

由於婚姻幸福取決於能否被夫家接受，新嫁娘必須全然適應夫家習慣，融入夫家生活，尤其新婚夫妻兩人在婚前並無交往與感情基礎，若女性與夫家無法融洽相處，極可能離婚。

前四嫂就是最好的例子。四哥第一任妻子由貝媽親自挑選，是貝爸表弟的小女兒，訂親時才十八歲，僅四哥年齡一半。由於婚後兩人處不來，時常吵架，前四嫂回娘家住，四哥不需要改變自己以改善婚姻生活。不到一年，兩人離婚，前四嫂返回娘家靜待再婚機緣，隔年四哥隨即迎娶第二任妻子。

雖然四哥與前四嫂的短命婚姻並未影響兩家關係，貝桑與前四嫂的兄弟之間依然維持緊密友好，但極少數情況下，失敗的婚姻的確有可能造成親族關係危機。

貝桑親族A在雙方父母作主下，娶了族內一位女孩，由於A自幼失學，在沙漠度過整個童年與青春期，大字不識一個，小他十多歲的女孩則高中畢業，婚後雙方相處並不融洽，極有個性的女孩甚至與婆婆妯娌數度發生激烈爭吵，婚後不到一個月就搬回娘家。兩個月後，女孩的哥哥結婚，A家沒有任何人參加婚禮，就傳統來說，近乎宣告雙方關係決裂，引起親族議論紛紛。不久後，A與女孩離了婚，兩家不再往來。

不論是否影響親族關係，四哥和親族A的例子在在說明了，女性婚後需全力適應夫家生活，生兒育女，相夫教子。相對地，男性不僅無須改變原本生活，甚至能藉由將妻子娶進門提升自己在家中的地位，鞏固傳統家族結構，讓原生家庭多一份勞動力，多一個人分擔家中勞務。有些男性甚至非族內女子不娶，因「妻子來自同家族，煮出來的湯的味道才會跟媽媽一樣」。

另一方面，離婚雖非難事，決定權主要仍在男方手中。

離婚後，男方往往較女方更快進入第二段婚姻，女方則得等上數年才能再婚，且對方往往年紀較大、同樣二婚，甚至已有小孩，或是從此不再有二婚機會。好比貝桑姊姊蕊雅離婚後歷經多年漫長等待才終於在親友介紹下再嫁，四哥離婚後一年即走入第二次婚姻。

三婚以上的情況則相當少見。

夏哈說的那套將女性置於附屬地位的體系，同樣顯現在人際關係上。

以外出會友為例，男性在婚前婚後皆擁有一定程度的自由，女性的往來人際關係則受限於同家族裡的人。婚前與原生家庭的人脈往來，婚後則跟夫家人脈有較密切的交流。蒂亞由於未嫁，生活侷限於由原生家庭衍生而出的人脈，除了少數幾個街坊鄰居，毫無自己的社交圈。

與此同時，家族命脈延續與人際關係的維持可說是他們生命的主要訴求，女性的生命尤其圍繞著「家」這單一軸心轉動。

與家族相處時，我經常困惑，為何他們只要一見到親族就樂不可支。女人們明明每天生活在一起，還是有聊不完的話題。大嫂、二嫂與三嫂可說生活在同一個空間，小孩眾多，吵吵鬧鬧。有次二嫂帶次子猶瑟和么兒哈利回娘家，老宅難得清幽，三嫂竟說不習慣如此安靜，相當思念二嫂，希望她盡快歸來，即使猶瑟時常欺負她的小孩都沒關係。

後來三哥的樓房完工，我問三嫂是否搬去新家，她笑得甜蜜地說：「才不呢，我捨不得離開貝媽和二嫂，我要永遠住老宅，永遠和大夥兒住在一起。」聽得我目瞪口呆，畢竟三哥的房子離老宅步行僅兩分鐘，站在老宅後門就看得到。

女性結婚後，即便夫家離娘家不遠，甚至經常見到娘家親人，回娘家時，整個家族仍因外嫁女兒歸來而歡天喜地。好比大嫂的娘家因離大哥豪宅僅三百公尺，她每天傍晚都會帶小孩回娘家省親，也常見大嫂的母親帶著女兒媳婦與孫子們去拜訪。若是出嫁的姊妹們在娘家重逢，濃烈親暱的手足情愛更是洋溢於表，那種情感緊密黏膩的程度，常讓我懷疑她們是否有獨處的需求甚至是能力。

傳統沙漠女子的幸福與生命的圓滿，完完全全在「家」的範疇裡。三哥三嫂最小的兒子扎卡一出生，三嫂娘家馬上來幫忙，又是照顧產婦，又是照顧新生兒，住了好一段時間，全家其樂融融，好不熱鬧！

在婚後配偶雙方的權利與責任歸屬上，「丈夫需擔負起養育妻兒的責任，身為一家之主，可決定一切甚至懲罰妻子，女方因有資格得到丈夫的金錢資源，故須無條件服從與忠誠。婚前，女性受父親支配，婚後則轉交給丈夫，男性婚後可得解脫，女性一輩子在法律上皆處於從屬地位。」夏哈在《國家與女權》中如此說明。

由於傳統家族網絡首重父系男性親屬，得在父系血親與姻親間取得平衡，因此傾向族內通婚，「將女人留給族內或部落中的男性，以婚姻強化父系血親凝聚力」，且「族內通婚往往以家族中父系堂親為第一優先，男性最好娶父親兄弟的女兒，由於女性亦可繼承財產，如此亦可保有家族土地與房產的完整性，避免遭到外族瓜分，且女方父系親屬可保有女子小孩，增加家族人數。娶叔伯女兒需付的聘金亦較低。是而發展出許多控制女性的作法，例如性別隔離、面紗、監護人等，女性外出須有男性或小孩陪伴。」夏哈寫道。

貝桑家族成員婚嫁確實遵照以上原則。

貝爸貝媽是彼此的二婚，兩人在婚前的關係已是源自同個龐大家族的遠親，各自第一段婚姻所嫁娶之人原本亦是親戚，無論結婚前或離婚後，皆有著眾多彼此熟識的親戚，這點在第一段婚姻結束後，並未改變，且各自與前段婚姻關係的親戚保持友好關係。親族裡的每場婚喪喜慶皆是同一群人的相聚，貝都因母親也是在親族相聚的場合裡，為自己的兒子物色未來妻子。

大哥第一任妻子是貝爸弟弟的大女兒，由於女孩自幼在小城長大，婚後過不慣遊牧生活，日夜哭泣，最後離婚。數年後，大哥娶了貝爸表兄弟的女兒為妻，即為大嫂。

在貝媽安排下，二哥娶了貝媽哥哥的女兒，二哥二嫂兩人原本是表兄妹。

三哥娶了貝爸弟弟的三女兒，三哥三嫂原本是堂兄妹。換言之，三嫂與大哥前妻是親姊妹。

四哥第一任妻子是貝爸表弟最小的女兒，兩人本來是遠房表兄妹，第二任妻子則是族內一位離婚女子。通常再婚女性走入新夫家時會比第一次婚姻來得更服從聽話，凡事以丈夫與家族福祉為主。

相較之下，貝桑身為最無決定權的么兒，卻與「異族」自由戀愛，甚至走入婚姻，可謂驚世駭俗！

我問貝桑：「之前你和我在一起，親朋好友從來沒人反對嗎？」

他說：「當然有啊，只是我不想聽他們的。」

《國家與女權》寫道，「有可能分化親族血脈」的異族通婚必須盡量避免，因為「外族女子更有可能威脅族內凝聚力，因她是夫家血統之外的外人，既要忠於娘家，又要效忠於把她當外人的夫家」，更何況「出於經濟考量，女性必須與娘家保持緊密關係，以保離婚後有去處，也會影響財產繼承」，因此「若與夫家無血緣瓜葛，那麼在自己家中，則像個外人的女主人」。

此外，「伊斯蘭將女性情欲描繪成濃烈、具毀滅與分裂性的威脅，被獸力驅動，成天只想尋歡，與邪惡力量糾結在一起。伊斯蘭理想是男性把情感完全放在敬拜真神，排除羈絆，而情欲本身不是問題，不受控制的女性情欲才是，象徵毀滅，是故必須約束並管制之。反映出女性在家族中的地位：若為異族通婚，女性煽動丈夫脫離父族，便威脅到父系親屬網絡凝聚力，是故性感女性被視為威脅道德與社會秩序的惡魔。」

以貝桑家族中的異國婚姻實例來說，一位遠親多年前娶了西班牙女子，長年在西班牙生活；另一位與日本女子結婚，前往日本工作多年並取得合法居留後，與日本女子離婚，回沙漠娶了年輕貝都因女子，並將之帶回日本生活。貝桑則是第三個走入異族婚姻的孩子，我們的婚姻可說是這個貝都因家族有史以來最典型的異族／異國通婚的例子。

二〇一五年底婚後不久，眼見幾個大男人老穿著鞋子室內室外踩來踩去，把外頭泥巴帶進浴室，讓我疲於奔命洗刷超級難清的磁磚，便要貝桑帶我去市集買幾雙浴室用拖鞋。

正當我在鞋攤成堆廉價拖鞋裡挑選，大嫂的姊姊帶著一個女孩經過，停下了腳步。我客客氣氣對她們打招呼，態度友善地微笑，大嫂姊姊看我一眼，面無表情轉過頭，自顧自地和貝桑聊了起來。

不一會兒，三個人在我旁邊熱絡地大聊特聊，我聽不懂他們說什麼，只覺得很吵、很不舒服，甚至干擾到我挑鞋。大嫂姊姊尤其激動，似乎試圖說服貝桑什麼，只見貝桑邊搖頭邊反駁，講了好久好久。直到我買完鞋，大嫂姊姊還繼續說，我拎著幾雙鞋，無聊又尷尬地在旁等，心裡多少覺得有點奇怪。

好不容易，兩人終於離去，一句話都沒對我講。

直到她們背影已遠，貝桑才說，剛剛兩人當面質疑他為什麼和我結婚。龐大家族人丁眾多，一堆待字閨中的貝都因女人女孩任他挑，隨便哪一個都比蔡適任好，問他幹嘛和異族在一起。貝桑回答這不關她們的事。

剛辦完婚宴那陣子，常有親族去老宅喝茶，來自四面八方的貝都因三姑六婆表面上來祝賀，實則喝著用我的錢買的茶，啃著用我的錢買的餅乾花生，圍著貝媽叨絮：「為什麼讓妳兒子娶異族呢？我們族裡的適婚女性那麼多，哪一個不比異族好！」直到貝媽板著臉說：「我兒子的婚姻由他自己決定，不干大家的事。」眾人這才作罷。

類似大嫂姊姊的質疑，貝桑聽得可多！好幾次了，他甚至痛苦地跟我說，很羨慕我聽不懂貝都因話，不需要和親族與村人往來，不會因為那些酸溜溜的閒言閒語而憤怒心傷。

日常生活讓我愈來愈深入沙漠的文化模式與生存法則，慢慢發現不時來民宿走踏的人們之間確切的親屬關係，愈加明白貝都因家族如何藉由聯姻強化彼此間的緊密連結，「親上加親」永遠不嫌多，有時關係錯綜複雜的程度，著實讓人嘆為觀止。一次又一次婚喪喜慶也讓人明瞭，血脈相連的親族之間多半擁有多重親屬關係，在家族、婚姻與工作場合裡緊密相連，相互碰撞。

我本來只看到自己為了回來沙漠而做的努力與付出，真正在沙漠定居，深入當地生活後才明白，原來不畏傳統壓力與親族評語地等我回來，也是一種「付出」。以這裡的傳統習俗、慣常生活模式與貝桑的個性，真的很不容易！無怪乎他常說：「因為妳，我做了好多好艱難的事情。」

另一方面，雖然貝媽真心地說，一旦結了婚，我就和家族所有女性一樣，都是家族一分子，是平等的；雖然家族待我客氣，身為「異族媳婦」，我不需要像嫂嫂或大姑那樣分攤家事勞務，也不跟他們同桌用餐，但在血緣、語言、文化、宗教與價值觀截然不同的情況下，我不可能全然融入家族生活，彼此差異宛若水與油，毫無混融的可能。

自始至終，我不過是個「外國人／有錢人／觀光客／提款機」，我的功能在於「經濟」與資源提供，一個打從婚前就不時得掏腰包幫家族大小付費的「有錢外國人」。若發生爭吵，四哥指著我的鼻子罵，認為自我出現家族便雞犬不寧，但當家族有經濟困難或惹上麻煩，該分擔的責任，我永遠逃不掉。

不僅如此，有一回，貝桑開玩笑地說要跟我回台灣，我不置可否，蕊雅聽見了卻大喊：「不行！我弟弟要永遠留在摩洛哥！我們是一家人！不可以把我弟弟帶走！」那份激動與恐懼，彷彿真的害怕我神不知鬼不覺地偷走他們家珍貴的血脈。

即便如此，親族眼見我為貝桑家族帶來不少資源與工作機會，自然產生異於傳統的想法。一回，一位年長的親族女性拉著我的手熱切地說，我讓她發現台灣人真的很好，心地善良又慷慨，她請我幫她兒子也物色個台灣老婆，把她兒子帶去台灣工作都好。

對於子嗣的看重，不難理解伊斯蘭文化多麼重視照顧孤兒寡母，加上家族龐大，成員眾多，即便孩子失去雙親，往往都能被親族網絡迅速接住，完全無親人照顧的孤兒相當少見。

若遇戰爭、飢荒、經濟危機或重大災難等罕見情況，確實有無血緣親族可提供照顧，才會考慮將孩子交給「外人」。

即便如此，伊斯蘭亦禁止領養兒童。

《古蘭經》明確寫道：「真主沒有在任何人的胸膛裡創造兩個心。你們的妻子，你們把她們的脊背當做自己的母親的脊背——真主沒有把她們當做你們的母親，也沒有把你們的義子當作你們的兒子。這是你們信口開河的話。真主是說明真理的，是指示正道的。」（33:4）

「你們應當以他們的父親的姓氏稱呼他們，在真主看來，這是更公平的。如果你們不知道他們的父親是誰，那末，他們是你們的教胞和親友。你們所誤犯的事，對於你們沒有罪過，你們所故犯的事，就不然了。真主是至赦的，是至慈的。」（33:4）

提醒著養父母，養子女並非親生，且須讓養子女保有原先姓氏。

也因此，摩洛哥並不存在實質意義上的「領養」關係，收養家庭並非取代親生父母，僅是代為照顧與撫養，養子女與親生父母之間的血脈聯繫是不可被切斷的，養子女與養父母之間的關係仍與真正的家庭關係不同。

夏哈同樣在《國家與女權》中指出：「血緣關係是個人社會認同的基礎，且親子關係只能靠血緣連帶建立，不承認收養，養子無任何繼承權，夫婦無法選擇將陌生人引入親屬關係網絡裡，個體必須與父族譜系存有血緣關聯，才能擁有完整的認同，成為親屬團體的一分子。」

希望收養小孩的成人必須申請 kefala 資格，成為 Kafil，二〇〇二年六月的 Moudawana（家庭法典）第十五－〇一號法規清楚定義 Kafala 程序：申請方需為穆斯林夫婦或單身穆斯林婦女亦可，年齡介於二十五至五十五歲之間，且有足夠的經濟能力來照顧兒童等等。一旦養子女滿十八歲，kefala 關係隨即結束，雙方不再有任何法律上的責任與義務，養子女亦無權繼承養父母的財產。

貝桑整個龐大家族裡，無人領養小孩，甚至不知何謂「領養」與「過繼」。我解釋領養就是將無血緣的孩子視為己出地照顧時，眾人紛紛搖頭，認為行不通，想要小孩還是得自己生。

子嗣可說是家族與個人最大資產，尤其是男性子嗣，除了傳宗接代的意涵，男性子嗣也是家族重要的勞動力，到了可工作的年紀，往往走入父親的事業，為父親勞動。一般來說，若夫妻結婚多年仍無子嗣，丈夫極可能娶第二個妻子來生小孩，或者離婚，另娶他人生子。

蕊雅離婚多年後終於等到機會，與鰥居多年、老邁且貧窮的菜販走入婚姻，同樣只是為了想生個自己的孩子。如今膝下仍然無子，可她不曾考慮過領養。蕊雅平時與夫家相處融洽，若有天丈夫離世，無子嗣的她極可能離開與她無血緣關係的夫家，返回娘家。

另一方面，若有家族成員離世，留下未成年小孩，親族自然接手照顧責任。比如大哥走後，家族與大嫂娘家撐起的家族網絡不僅讓大哥六個小孩衣食無虞，甚至過得更好。

貝爸年輕時，摩洛哥與阿爾及利亞關係日漸緊張，貝爸妹婿想帶全家前往山脈的另一端，踏入阿爾及利亞國土。當時經常傳來兩國邊界即將封閉的消息，貝爸的母親不同意女兒冒著和娘家永遠分離的風險，與夫家前往遠方，要求女兒離婚。貝爸的妹妹果真離了婚，帶著一個兒子留下來，貝爸便與弟弟共同照顧妹妹與外甥，即便遭逢乾旱荼毒，全家族仍艱困地將孩子們扶養長大。

不論男女，無子嗣的人老後多由親族分擔照顧責任，不會發展成收養他人小孩的情況。

最後附帶一提，眾所周知穆斯林可合法迎娶四個妻子，在奉行伊斯蘭教法（charia）的摩洛哥亦然。

不知何時開始，網路上流傳著一則「公主與王子從此過著幸福快樂生活」的浪漫童話，訴說著摩洛哥國王穆罕默德六世為了迎娶一位美麗與智慧兼具的平民女子，廢除了百年來的一夫多妻制，宣誓一生只愛她一人，該女子如何顛覆了傳統，堪稱「讓一個王朝屏除三宮六院的偉大女性」。

王室內部種種，外人無從得知，然而第一個廢除一夫多妻制的阿拉伯國家是突尼西亞，從一九五六年開始實施一夫一妻制。與之相反，一夫多妻在摩洛哥至今依舊合法。

雖然對一場傳統婚姻來說，親族的認同與接納遠重於前往政府機關登記，但若要理解摩洛哥婚姻制度，得從「Moudawana 家庭法」說起。

「Moudawana 家庭法」乃個人地位法。一九五六年摩洛哥獨立之前，摩洛哥王室向來以相對開明、開放，甚至是西方化的形象出現在世人面前。一九四七年，穆罕默德五世的長女 Lalla Aïcha 公開露面時，頭上便未包裹頭巾，爾後穆罕默德五世的兩個兒子與四個女兒更是經常陪伴他出席各種公開活動。

獨立前，摩洛哥普遍奉行伊斯蘭教法學（Fiqh），一九五六年取得獨立後，穆罕默德五世於一九五八年召集一群優秀的法學家與伊斯蘭學家共同擬訂了個人地位法（即初版 Moudawana），在當時算是先進的法律。在瑪利基法學派（malékite）支持下，該法將近四十年無任何更動。

進入七〇年代，已有呼籲修法的聲音，卻遲至一九九三年哈珊二世治下才終於進行首次修改。二〇〇四年是摩洛哥女性地位法律大躍進的一年，即便周遭保守勢力反對，在新任國王穆罕默德六世同意下，議會一致通過新版 Moudawana 家庭法並施行至今，對女性地位更有保障，也對一夫多妻有了更多限制。

在法律與宗教雙重規範下，男性並非可以不受規範地娶兩個以上的妻子。

摩洛哥已婚男性若有意合法迎娶第二個妻子，必須正式向法院提出書面聲明，申請前提是原配妻子無法履行婚姻義務或同意丈夫娶第二個妻子，且申請人有能力同時承擔兩個家庭的經濟和情感等責任。書面聲明中，申請人必須解釋為何想迎娶第二個妻子，並說明將如何確保自己未來能夠平等對待兩個家庭的妻兒。若獲得法院許可，申請人才能合法迎娶第二個妻子。

雖然伊斯蘭同意一夫多妻，《古蘭經》也說：「如果你們恐怕不能公平對待孤兒，那末，你們可以擇娶你們愛悅的女人，各娶兩妻、三妻、四妻；如果你們恐怕不能公平地待遇她們，那末，你們只可以各娶一妻，或以你們的女奴為滿足。這是更近於公平的。」（4:3）

然而最困難的，恰恰是男性難以全然公平公正對待兩個以上的妻子與其子女，並提供足夠的生活所需。致力於提升摩洛哥女權的社運人士希望將婚姻限定在一夫一妻，讓性別更加平等，但目前一夫多妻制毫無廢除跡象，二〇〇七年一份正式民意調查中，甚至仍然獲得高達四十四％摩洛哥人支持。

事實上，摩洛哥國內有九十九%人口信奉伊斯蘭，看似多數人皆能接受一夫多妻制，娶兩個以上妻子的摩洛哥男性卻遠不如想像中普遍，每年約有上千人申請，獲得正式許可者不到千人。一夫多妻婚姻亦明顯逐年下降，一九九二年約五．一%的女性身處一夫多妻婚姻，二〇一八年已降至一．八%。此外，女性平均結婚年齡愈來愈晚，進入適婚年齡的未婚女性比例逐年增加，離婚率亦逐年增高，離婚與再婚比想像中普遍。

另一方面，若詢問摩洛哥女性是否接受丈夫娶第二個老婆，受訪者未必會點頭，即便同意也可能是迫於無奈，尤其是受過教育的年輕女性，多半無法接受丈夫迎娶第二個妻子進門。

有些女性看似與丈夫其他妻子相安和樂地共同生活，實際相處情況則難為外人所知。有些女性是在丈夫已有另一段婚姻後才被告知，被迫接受，有些是丈夫擁有另一個家庭後，便全然消失在元配與其子女的生活裡，真如伊斯蘭理想中「公平公正善待每一個妻子並照顧其子女」者，少之又少。

看似對一夫多妻制的高支持度，與其說是深思熟慮後的結果，不如說是當這件事並未降臨自己身上，多數人是不經思考地服膺在傳統與宗教之下。近年摩洛哥公民社會開始有修正 Moudawana 家庭法的聲音。

ACROSS 072

娑婆撒哈拉

作　　者—蔡適任
責任編輯—陳詠瑜
行銷企畫—林欣梅
校　　對—聞若婷
封面設計—FE工作室
內頁設計—張靜怡

編輯總監—蘇清霖
董 事 長—趙政岷
出 版 者—時報文化出版企業股份有限公司
一〇八〇一九臺北市和平西路三段二四〇號三樓
發行專線—（〇二）二三〇六—六八四二
讀者服務專線—〇八〇〇—二三一—七〇五
（〇二）二三〇四—七一〇三
讀者服務傳真—（〇二）二三〇四—六八五八
郵撥—一九三四四七二四時報文化出版公司
信箱—一〇八九九臺北華江橋郵局第九九信箱
時報悅讀網—http://www.readingtimes.com.tw
電子郵件信箱—newstudy@readingtimes.com.tw
時報出版愛讀者粉絲團—https://www.facebook.com/readingtimes.2
法律顧問—理律法律事務所　陳長文律師、李念祖律師
印　　刷—紘億印刷有限公司
初版一刷—二〇二三年六月三十日
定　　價—新臺幣三八〇元
（缺頁或破損的書，請寄回更換）

時報文化出版公司成立於一九七五年，
一九九九年股票上櫃公開發行，二〇〇八年脫離中時集團非屬旺中，
以「尊重智慧與創意的文化事業」為信念。

娑婆撒哈拉／蔡適任著. -- 初版. -- 臺北市：
時報文化出版企業股份有限公司, 2023.06
304面；14.8×21公分. --（Across；72）
ISBN 978-626-374-014-3（平裝）

1. CST：蔡適任　2. CST：傳記
3. CST：異國婚姻　4. CST：撒哈拉沙漠

783.3886　　112009491

ISBN 978-626-374-014-3
Printed in Taiwan